CONTRA-BASS

Reisen mit Verstand

1. Auflage 2011
Ausstattung, Herstellung und ©:
Literarischer Verlag Edition Contra-Bass UG Hamburg
Homepage: www.contra-bass.de
E-mail: contra-bass@orange.fr
Druck + Einband: Centre Littéraire d'Impression Provençale, Marseille
ISBN 978-3-943446-06-7
Alle Rechte vorbehalten

Culture & Contact

Auf den Wegen der Freiheit

Wanderungen und Ausflüge auf
den Spuren von
Exil und Widerstand
in der Provence

Reiseführer

*Bei jedem gemeinsamen Mahl bitten wir die Freiheit an unseren Tisch.
Der Platz bleibt leer, aber das Gedeck liegt bereit.*

René Char, Hypnos
Aufzeichnungen aus dem Maquis 1943 – 1944

Inhaltsverzeichnis

Vorwort **Reisen mit Verstand**

Einführung **Wege der Freiheit**

1. **Der Contadour und Banon**
   Schafställe auf windigem Hochland
   Der Widerstand auf dem Contadour
   Porträt: Jean Giono
   Wanderung vom Contadour zur Montagne de Lure
2. **Saint Saturnin lès Apt**
   Bergdorf im Schatten des Vaucluse-Plateaus
   Die Verräterin
   Exkurs: Der „freie" Süden
   Wanderung Vaucluse: Zwischen Lavendel und Ruinen
3. **Ganagobie**
   Felsplatte über dem Fluss
   Die Grotten der Maquisards
   Porträt: René Char
   Wanderung Ganagobie: Auf der Felskante zum Kloster
4. **Sanary sur Mer**
   Ein Wachturm am Mittelmeer
   Künstler und Schriftsteller auf der Flucht
   Exkurs: Exil
   Rundgang Sanary: Im Exil unter Palmen
5. **Les Milles**
   Eingesperrt bei Staub und Ziegeln
   Zwei Schicksale: Walter Hasenclever, Lion und Martha Feuchtwanger
   Besichtigung: Fresken und ein Viehwaggon
6. **Marseille**
   Ein Hafen für Gestrandete
   „Auslieferung auf Verlangen"
   Porträt: Anna Seghers und Transit
   Literarischer Rundgang Marseille: Zwischen Cafés und Konsulaten
7. **Vers Pont du Gard**
   Steinbrüche für ein römisches Aquädukt
   Geisterzug und die Flucht der Deutschen
   Erzählung: Marie Courage (Astrid Schmeda)
   Wanderung Pont du Gard: Durch die Garrigue
   Erzählung: Die Stille über der Garrigue (Astrid Schmeda)

Wissenswertes zum Wandern in der Provence

Literaturhinweise

Vorwort

Reisen mit Verstand

Der Verstand soll beim Verstehen helfen. In der Reihe *Reisen mit Verstand* geht es uns um bewusstes Reisen. Wenn man sich auf Reisen begibt, will man sich aus dem eigenen Alltag lösen, Abstand schaffen, sich entspannen. Das ist vielleicht möglich, indem man die Augen schließt und das Gesicht in die Sonne hält. Eine andere Möglichkeit ist, wahrzunehmen, wo man sich befindet: den Ort, die Menschen, die Landschaft. Neugier ist eigentlich ganz ähnlich wie verstehen wollen. Beides ist nur möglich da, wo es etwas Neues gibt, etwas, das unseren Gewohnheiten widerspricht, was wir noch nicht kennen. So wie wir gern ins Meer eintauchen, in die Wärme der Sonne, so kann man auch in die Geschichte und Kultur einer Region tauchen, und am Ende ist das auch Erholung.

Wir versuchen mit Culture & Contact, einen Ort für Reisende zu schaffen, für Einzelne, Paare, Familien und Gruppen, der Begegnungen ebenso möglich macht wie das Alleinsein, Diskussionen und Gespräche ebenso wie ein Buch lesen, malen, musizieren.
Wir haben seit 1997 in der Bastide de Font d'Izières, in der Nähe des Pont du Gard in Südfrankreich, Ferienkurse angeboten. Zum einen, um die Umgebung mit ihrer Geschichte und Kultur kennen zu lernen, aber auch um die eigene Kreativität wiederzuentdecken und auszuprobieren: in Trommel- und Tanzworkshops, Theater- und Malkursen. Seit 2007 sind wir in den Luberon umgezogen, wo wir in kleinerem Maßstab einen Ort zum Ferienmachen und für Ferienkurse geschaffen haben.
Uns geht es darum, durch die Auseinandersetzung mit der Geschichte, der Literatur, der Malerei und nicht zuletzt der Küche der Region, das Land und seine Bewohner wahrnehmen und damit respektieren zu lernen, sowie uns selbst beim Wandern, Zuhören, Diskutieren, beim Entdecken und Erforschen weiterzuentwickeln.
Unsere Reisebücher, die auf der Erfahrung unserer Ferienkurse in Südfrankreich beruhen, wollen auch dazu beitragen.

Einführung

Auf den Wegen der Freiheit

Überall in Südfrankreich stößt man auf Erinnerungstafeln aus der Zeit der Besatzung durch die Deutschen im zweiten Weltkrieg. Als wir, seit den 80er Jahren, im Languedoc und Roussillon, in den Cevennen und in der Provence unsere Ferien verbrachten, fielen uns die an eine Hauswand oder einen Baum angebrachten Schilder auf, die darauf hinweisen, dass hier junge Männer und Frauen, viele unter 20 Jahren alt, von den Deutschen Besatzern erschossen worden waren. Oft in völlig abgelegenen, einsamen Gegenden. Als wir uns entschieden, ganz in Frankreich zu leben, war uns die Geschichte der deutschen Exilanten an der Mittelmeerküste schon vertraut. Wie sehr aber jedes Dorf, mit dem wir Kontakt bekamen, unter der deutschen Besatzung gelitten hatte und dass die Résistance mehr war als die großen Namen, die sich damit brüsteten, darauf wurden wir nach und nach aufmerksam.

Die Öffnung der französischen Bevölkerung für einen neuen Blick auf ihre deutschen Nachbarn hat bei den Alten – wie in der Erzählung *Die Stille über der Garrigue* (siehe unten) – mindestens zwanzig Jahre gebraucht und ist bis heute noch nicht überall selbstverständlich. Auch wenn die Alten, die den Krieg erlebt haben, langsam aussterben, ist das kollektive Gedächtnis noch vorhanden und wird gepflegt, seit den 90er Jahren verstärkt auch mit kritischem Blick der Franzosen auf die eigene Beteiligung.

Wenn wir uns auf die Spuren des französischen Widerstands und der deutschen Exilanten begeben, dann ist es, um beide Seiten zu beleuchten: die Situation der unter der Besatzung lebenden Franzosen und die der deutschen Emigranten (Künstler, Intellektuellen, Juden, Kommunisten), die sich nach Frankreich als Inbegriff von Freiheit und Demokratie geflüchtet hatten und nun hier auch eingesperrt und verfolgt wurden. Es geht uns nicht darum, Schuld- und Schamgefühle zu provozieren, sondern, die Geschichte unserer Väter- und Mütter-Generation zu verstehen. Gleichzeitig trägt auch Europa heute diese Geschichte auf seinem Rücken.

Wir haben uns für den Titel „Auf den Wegen der Freiheit" entschieden (so werden auch Straßen in Südfrankreich bezeichnet: *Chemin de la liberté*), weil die französischen Widerstandsgruppen und die deutschen Antifaschisten nicht nur gegen Okkupation und Faschismus gekämpft haben, sondern vor allem für die Freiheit. Das bleibt bis heute aktuell.

Culture & Contact
September 2011

1. Der Contadour und Banon

Schafställe auf windigem Hochland

Montagne de Lure

Contadour bezeichnet eine Landschaft auf den Höhen der südlichen Montagne de Lure im Departement Alpes de Haute Provence. Contadour ist ebenso ein Weiler, der heute zur Gemeinde Redortier gehört. Die Landschaft erstreckt sich etwa zwischen dem Dorf Revest-du-Bion im Westen bis Saumane im Osten, Banon im Süden und mit dem Höhenzug der Montagne de Lure und seiner Kuppe, Crète de la Faye, im Norden.

Wir beginnen unsere Wanderungen auf den Wegen der Freiheit hier, da es die Landschaft ist, die der Schriftsteller und Pazifist Jean Giono sich aussuchte, um seine Ideen von einem Leben in Gemeinschaft zu verwirklichen, woraus ein Teil der Résistance entstand. (siehe Porträt)

Das Gelände liegt auf 1100 Metern Höhe wie eine Steppe mit einzelnen Büschen, im Wind gebeugten Steineichen und selten größeren Bäumen, die einzeln in den Himmel ragen. Die Folgen von stetem Wind, Kälte im Winter und der unerbittlichen Sonne des Sommers, sowie der Überweidung durch Schafherden haben das Land verkarstet. Hier wurde seit dem 17. Jahrhundert Lavendel angebaut, zunächst als medizinische Pflanze, die in den Zeiten der Pest und der Cholera (18. und 19. Jahrhundert) helfen sollte. Im 19. und 20. Jahrhundert erst wurde sie zur hauptsächlichen Verwendung als Parfum genutzt im Zuge der Entwicklung der Parfumindustrie in Grasse, aber auch die kleineren Bauern besaßen ihre eigene Destillerie.

Als überraschende Behausungen, außer den winzigen Ortschaften bestehend aus wenigen Häusern, Ruinendörfern und einsamen Höfen, findet man die aus

Trockensteinen ohne Mörtel aufgeschichteten *Jas*. Es sind oft sehr geräumige Hütten für Schafherden und Hirten; anders als die kleinen, wie Iglus gebauten Bories oder Capitelles, die allenfalls Platz boten für den Schäfer mit seinen Hunden oder für Werkzeuge der Bauern. Sie stammen aus dem 18. Jahrhundert. Auf den Höhen des Contadour stehen besonders kunstvolle, große Steinhütten. Das *Jas des Terres du Roux* wurde vor einigen Jahren mit Hilfe der APAVE, einer Organisation zum Wiederaufbau traditioneller Steinbauten, die mit Jugendlichen arbeitet, wieder aufgebaut. Es besteht aus einem Schafstall mit dreifachem Gewölbe, in dem bis zu 200 Schafe Platz hatten, einem kleinen Haus, das der Schäfer mit seinen Hunden bewohnte und einer Zisterne, alles von einer Mauer umgeben.

Diese an geschützten Orten gelegenen, alten Behausungen ebenso wie die Einsamkeit der Landschaft, aber auch die Übersichtlichkeit eines Hochplateaus waren ein geeigneter Platz für die jungen Leute des „Maquis" (die sich in den Bergen versteckenden Widerstandsgruppen).

Jas des terres du Roux

Das mittelalterliche Dorf **Banon** liegt in 760 m Höhe auf dem Plateau d'Albion. Im Norden vom Contadour und der Montagne de Lure geschützt, blickt es von seinem Fels auf die Lavendel- und Weizenfelder der Ebene bis zu der Silhouette der Alpen.

Es kann davon ausgegangen werden, dass der Ort schon vorgeschichtlich bewohnt war, da in der Nähe Oppida (Stein-Städte) gefunden wurden aus der Zeit der Kelto-Ligurer. Seit dem 12. Jahrhundert herrschten die Herren von Simiane in Banon, aus der Zeit stammt das erste Schloss, das später modernisiert wurde. Während der französischen Revolution wurde es angezündet, und der letzte der Herren musste das Weite suchen. Auf der mittelalterlichen Stadtmauer wurden dann die Häuser der Rue des Arcades gebaut, die, wenn man von unten hinaufblickt, gut zu erkennen sind. Die Kirche auf dem höchsten Punkt der Altstadt stammt von 1652 und beherbergt heute ein Museum. Seit 1782 bestand das Hôtel de Dieu (Krankenhaus), in dem während des 2. Weltkriegs auch Verfolgte aufgenommen wurden. Banon war seit dem 18. Jahrhundert ein wichtiger Marktflecken. Lavendel, Weizen und Ziegenherden waren die Einkommensquellen. In den 30er Jahren des 20. Jahrhunderts entwickelte ein findiger Bauer zur Haltbarmachung seines Ziegenkäses die Methode, ihn in Kastanienblätter einzuwickeln. Daraus wurde der berühmte Banon-Käse, der ein AOC-Gütesiegel besitzt.

Das heutige 1000-Einwohner-Dorf scheint sich wenig um seine nur zu Fuß erreichbare, wie vergessen liegende Altstadt auf dem Hügel zu kümmern, die Bewohner sind in die Ebene gezogen.

Eine andere Berühmtheit ist der Buchladen *Le Bleuet*, ein 3-stöckiges Haus voller Bücher, in dem man sich stundenlang aufhalten und auch verlieren kann. Bücher-Kunden kommen in dieses kleine Dorf aus der gesamten Republik.

Der Widerstand auf dem Contadour

Seitdem die deutschen Truppen 1942 auch den Süden Frankreichs besetzt hatten, mussten sich junge Männer für den Arbeitsdienst in Deutschland melden (S.T.O., siehe Exkurs: Der „freie" Süden). Dieses Gesetz verschaffte dem Widerstand, der bis dahin aus wenigen, kleinen Grüppchen bestand, ungeheuren Zulauf.

Im Februar 1943 gab es eine kleine Gruppe von 12 Menschen, die sich in der Nähe des Hauses von Jean Giono, Les Graves, versteckt hielt. Sie wurde angeführt von Gustave Lefèbvre, einem ehemaligen Spanienkämpfer aus den internationalen Brigaden. Bis zum April wuchs sie an auf etwa 50 Personen. Die jungen Männer kamen aus Marseille und den umliegenden Dörfern und Städten der Küste, sie fuhren mit dem Zug bis Manosque, nahmen mit der dort ansässigen Résistance-Gruppe Kontakt auf und wurden weitergeleitet in kleinen Gruppen nach Banon und von dort zu den auf dem Contadour verstreuten Gruppen. Das Leben der *Maquisards* (der im Maquis versteckt lebenden Widerständler) war überwiegend damit ausgefüllt, sich selbst zu organisieren. Es musste Verpflegung besorgt werden, die von den Höfen der Umgebung stammte, ein Nachrichtensystem für die eigene Sicherheit aufgebaut werden, Neuankömmlinge mussten untergebracht oder weitergeleitet werden. Außerdem war ihre Aufgabe, das Material, das von den alliierten Flugzeugen in der Nacht per Fallschirm abgeworfen wurde, einzusammeln und an sicheren Orten zu verstecken. Es handelte sich dabei um Waffen – die Maquisards waren nur sehr dürftig bewaffnet – Nahrung, Kleidung.

Ende Mai 1943 führte die italienische Armee, die noch im Südosten Frankreichs Besatzungstruppen hielt, eine große Razzia in der Umgebung von Banon durch. Der Arzt Jean André, der von den Deutschen verhaftet und wieder frei gelassen worden war, konnte die Gruppenführer informieren. Aber die Gegend war nun nicht mehr sicher. Die Gruppe von Les Graves teilte sich und verließ den Ort, ebenso wie andere Gruppen. Zunächst versammelten sie sich in der Nähe von St. André de Villessèche, wo ein neues Lager eingerichtet wurde mit Unterstützung des ehemaligen Bürgermeisters von Revest-du-Bion.

Im Sommer und Herbst 1943 zogen wieder kleine Widerstandsgruppen unter der Verantwortung von René Arnaud in die Nähe der sie unterstützenden Höfe auf dem Contadour. Sie begannen nun mit wirklichen Widerstandsaktionen gegen die Besatzer.

In der Nacht vom 4. auf den 5. Dezember 1943 erreichte eine große Abteilung der Waffen-SS, der französischen Miliz und der Gestapo den Ort Banon und marschierte von dort auf den Contadour. Es war eine breit angelegte Operation, und sie waren gut informiert. Die Widerstandsgruppen von Aupillières und Cayandron wurden, außer einem Mann, gefangen genommen. Bei der Razzia in Redortier wurden die meisten Unterstützer der Résistance verhaftet. Die Gruppen, die sich in der Nähe der Höfe Les Plaines, La Grange de la Roche und Les Plantades aufhielten, konnten gewarnt werden und flüchten. Die Höfe von Les Plantades, La Grange de la Roche und Les Roustourons wurden von den Deutschen angezündet. Die 21 Verhafteten wurden in das KZ Mauthausen deportiert, unter ihnen der Bürgermeister von Redortier, Justin Hugou, und der Chef des Maquis Les Plantades, Antoine Quattopani, die wie einige andere von dort nicht zurückkehrten.

Im Januar 44 erfolgten noch einmal Razzien der Deutschen in diesem Gebiet, bei denen es zwei Verhaftungen gab, ein Mann wurde vor seiner Farm Les Plaines erschossen.

Auf einer Erinnerungstafel in Redortier sind die Namen der meist sehr jungen WiderstandskämpferInnen, die von der Deutschen Besatzungsmacht ermordet wurden und im KZ umkamen, festgehalten.

Porträt 1
Jean Giono

Manosque ist ein kleines Städtchen zwischen dem östlichen Rand des Luberon-Gebirges und dem Tal der Durance gelegen. Hier wurde Jean Giono 1895 geboren. Seine Familie stammte aus dem Piemont in Italien. Sein Vater war Schuster, seine Mutter betrieb ein Bügel-Atelier. In seiner Autobiografie „Jean der Träumer" (frz. Jean le bleu) beschreibt er, wie sein Vater, der in seinem Herzen ein anarchistischer Revolutionär war, politisch Verfolgte aus Italien aufnahm: „Es musste sich wohl unter ihnen wie Schwalbenwissen von einem auf den anderen übertragen, oder es war in irgendeinem Wirtshauswinkel mit dem Messer in die Wand geritzt. Ein Zeichen, ein Kreis mit Kreuzen, ein Stern oder eine Sonne, irgendetwas, das in ihrer armseligen Sprache heißen musste: ‚Geh zum Vater Jean'." Seine Mutter war katholisch, deshalb wurde er auf eine katholische Schule geschickt. Nach der erste Kommunion ging er nie wieder in die Kirche und bezeichnete sich als Atheist. Jean las viel und schrieb mit sechzehn Gedichte, als er die Schule verließ, um bei einer Bank zu arbeiten.
Mit neunzehn wurde er zum Krieg eingezogen. Sein bester Freund fiel. Nach dem Krieg blieb er noch ein Jahr mobilisiert, danach kehrte er zurück, erst nach Marseille, dann nach Manosque, und arbeitete bei der Bank. Seine Kriegserlebnisse führten zu seinem konsequenten Pazifismus.
Er begann seine ersten Romane, die nicht veröffentlicht wurden. Sein Vater starb 1920. Im gleichen Jahr heiratete er seine Jugendliebe Elise Maurin. Er tauschte sich zunächst brieflich mit dem Schriftsteller und Maler Lucien Jacques aus, daraus wurde eine lebenslange Freundschaft. Er entdeckte die Musik, kaufte sich die ersten Schallplatten, schrieb Gedichte dazu. 1926 wurde seine erste Tochter geboren, 1934 die zweite. Jean Giono schrieb 1928 den Roman

Colline (Hügel), der bei Grasset veröffentlicht wurde und ihm die Tür für ein freies Schriftstellerleben öffnete. 1929 verließ er die Bank. Fast jedes Jahr veröffentlichte er nun einen neuen Roman und konnte sich schon 1930 das Haus kaufen, das er sein Leben lang bewohnen sollte (und das heute in Teilen zu besichtigen ist). In Manosque und in der Provence war er bald ein bekannter Schriftsteller, für den sich vor allem die Jugend begeisterte, denn er hatte eine Vision von einem anderen Leben. Seine Romane vor dem Krieg – u.a. Regain (Ernte), Que ma joie demeure (Bleibe, meine Freude), Les vraies richesses (Vom wahren Reichtum) – sind lyrisch, utopisch, märchenhaft und unwirklich, sie sind von der Begeisterung an der Natur geprägt und der Hoffnung auf ein gemeinschaftliches Leben und Arbeiten auf dem Lande. Er schrieb auch Anti-Kriegs-Texte – Je ne peux pas oublier (Ich kann nicht vergessen), Refus d'obéissance (Verweigerung des Gehorsams)

Giono entdeckte die kahle Hochebene des Contadour und kaufte sich dort ein Haus (Les Graves). Ab 1935 fanden hier an Wochenenden und im Sommer Treffen von jungen Leuten statt, um gemeinsam zu leben, zu diskutieren, zu lesen, Musik zu hören und um sich mit Jean Giono und seinen Schriften auseinander zu setzen. Die Mädchen hatten die Haare kurz geschnitten, gingen in Shorts und diskutierten gleichberechtigt mit. Gionos Pazifismus bekam angesichts der drohenden Weltereignisse ein besonderes Gewicht. Zwischen 1933 und 35 stand er in seiner politischen Haltung den Kommunisten nahe, danach entfernte er sich von ihnen, weil der sowjetische Kommunismus zu der Zeit nicht mehr seiner pazifistischen Haltung entsprach. 1938 glaubte er noch, Hitler umstimmen zu können, und fuhr nach Berlin, um ihn zu sprechen, was ihm nicht gelang.

Mit Ausbruch des Krieges geriet er in die Zwickmühle, sich entweder gleich als Verweigerer verhaften zu lassen, oder seiner Überzeugung untreu zu werden. Um seine Familie zu schützen, entschied er sich für die Einberufung, wurde aber nach einer Woche wegen pazifistischer Ansichten in das Fort St. Nicolas in Marseille eingesperrt. Durch das Engagement von Freunden, darunter André Gide, wurde er nach zwei Monaten frei gelassen und von allen militärischen Pflichten freigestellt unter der Voraussetzung, jede Anti-Kriegs-Aktivität zu unterlassen. In den Jahren des Krieges gelang ihm kaum, etwas zu schreiben, seine finanziellen Mittel waren knapp, er versteckte trotzdem Widerständler und Exilanten, darunter Louise Straus-Ernst, die erste Frau von Max Ernst (die 44 verschleppt wurde und in Auschwitz umkam) und ihren Gefährten, den Architekten Charles Fiedler. Aber Giono beging auch Fehler. Er traf während der Besatzung in Paris Deutsche, die an seiner Literatur interessiert waren, und wurde mit ihnen fotografiert, dieses Foto wurde in einer Zeitschrift abgebildet. Er veröffentlichte einen Roman in einer pro-deutschen, antisemitischen Zeitschrift, La Gerbe. Giono setzte sich zwischen alle Stühle. Die Kommunisten attackierten ihn, die zum Kommunismus neigenden Surrealisten, die Dadaisten. Nach der Befreiung wurde das Gerücht verbreitet, Giono sei Kollaborateur, und er wurde Anfang September 44 verhaftet und in Digne eingesperrt, wo er

5 Monate verbrachte. Möglicherweise wurde er auf Intervention von Freunden dort so lange festgehalten, damit er nicht auf der Straße umgebracht wurde. Er blieb nach seiner Freilassung einige Monate in Marseille und setzte sich dann wieder an seinen Schreibtisch in Manosque.

In den kommenden sechs Jahren schrieb er acht Romane, darunter seinen erfolgreichsten, Le hussard sur le toit (Der Husar auf dem Dach). Langsam bemerkten die Kritiken ihn wieder, und mit dem kommenden Erfolg finanziell ohne Sorgen, begann er zu reisen. Seine Romane nach dem Krieg sind stärker historisch geprägt und weniger natureuphorisch. Auch wenn er seine Überzeugungen nicht aufgab, war sein Optimismus verschwunden. Jean Giono war einer der ersten, der gegen die Stationierung von Atomraketen auf dem Plateau von Albion protestierte und gegen den Bau der Atomkraftwerke. Er starb 1970.

Als sich 1972 in Basel zwei revolutionäre Gruppen zusammentaten und Longo Maï gründeten, war einer der Anhänger Gionos aus der Contadour-Zeit dabei. Er brachte die Gruppe, die Lebens- und Arbeitskooperativen auf dem Land gründen wollte, in die Provence und machte sie bekannt mit einem Freund von Giono, dem Bauern Pierre Pellegrin. Durch seine Vermittlung fanden sie die Ländereien bei Limans (Forcalqier). Diese Kooperative existiert heute noch.

Wanderung vom Contadour zur Montagne de Lure

Karte: Carte de Randonnée 3240 OT
    Banon/Sault 1:25 000
Länge : 8,7 km
Dauer: 2 Stunden
Höhenunterschied: 170 m
Schwierigkeitsgrad: leicht. Steinige Pfade, am Ende ein kurzes steiles Stück abwärts.
Wetter: Außer kurze Strecken im Wald, gibt es keinen Schatten.
Ausrüstung: Picknick

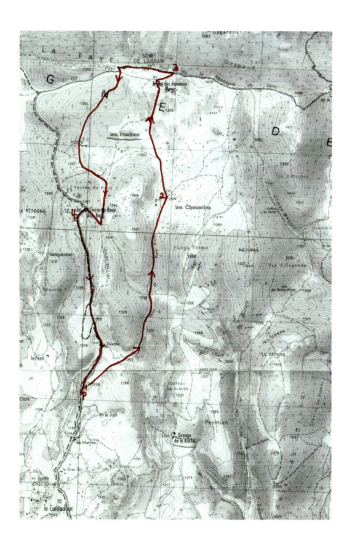

Anfahrt: Über Banon auf der D 950 Richtung Revest-du-Bion, nach ca. 3 km gibt es eine scharfe Spitzkehre, ca. 600 m danach rechts ab auf die D 5: Schild „Chemin de la liberté". Nach etwa 2,5 km, auf 1100 m Höhe, an dem Schild „Chemin de la liberté", liegt rechts *Les Graves*. Nach 1,5 km erreicht man den Ort Redortier/Contadour mit dem Mahnmal.
Den Ort durchqueren und auf einer schmalen Straße an dem Gehöft Les Martins vorbei fahren (in östlicher Richtung liegen die Ruinen der von den Deutschen zerstörten Farm *Grange de la Roche*) bis zu dem ausgeschilderten **Parkplatz** auf der rechten Seite nach ca.1,5 km.

1) Wir befinden uns auf 1229 m Höhe. Der Wanderweg verläuft neben der Straße entlang durch einen Wald, am Waldrand nach rechts dem schmalen Weg folgen. Links unten im Tal liegt der Hof La Tinette, an dem wir auf dem Rückweg vorbei kommen. Der Weg führt nun etwa 1,5 km in nördlicher Richtung durch ein bewaldetes Gebiet und heißt hier Ravin du Fond-Brune. Ravin bedeutet Schlucht, wobei diese zur rechten Seite noch unter uns liegt, nach links steigt der Hang an.
Nachdem wir den Wald hinter uns haben, erstreckt sich nun eine weite, hügelige Ebene mit Grasland. Linkerhand ein verlassenes Schäferhaus.

2) An der folgenden Weggabelung liegt ein geducktes Steinhäuschen, ein Borie. Dem linken Weg folgen, der hier im Frühjahr durch ausgedehnte Blumenwiesen führt, in einer seltenen Pracht. Rechterhand in der Senke eine gewaltige Buche, die um so bemerkenswerter ist, da es in dieser Gegend sonst hauptsächlich Eichen (grüne und Steineichen) gibt. Der Ravin hatte hier seinen Ursprung mit einer oder mehreren Quellen, ein Feuchtgebiet ist noch vorhanden.
Auf den Hügeln linkerhand befand sich die Farm *Les Fraches*, von der nichts mehr übrig ist. An der nächsten Weggabelung mit Steinhäuschen geradeaus ansteigend weiter bis zum *Jas des Agneaux*, einer verfallenen Bergerie (Schafhof). Rechts an ihr vorbei bis auf die Kuppe Crète de la Faye.

3) Wir sind auf 1400 m Höhe angestiegen. Nach rechts geht der Weg bis zur Spitze der Montagne de Lure, die von hier aus nicht zu sehen ist. Der Blick nach Norden reicht zu den Bergen von Les Buis Baronnies, bei guter Sicht nach Westen zum Mont Ventoux und nach Süden über den Luberon hinaus bis zu der Montagne de Sainte Victoire.
Wir folgen dem GR nach links und verlassen ihn nach 500 m an der nächsten Weggabelung, um links abzubiegen und geradezu in südlicher Richtung an verstreut stehenden Tannen und durch ein bewaldetes Gebiet mäßig abwärts zu wandern. An der nächsten Weggabelung südöstlich nach links, bis wir auf einen Weg stoßen, dem wir nach rechts folgen. Rechterhand liegen die *Terres des Roux*. Nach 500 m rechts zum *Jas des Terres du Roux*.

4) Der Jas ist ein geeigneter Picknickplatz. Es lohnt sich, an diesen kunstvollen Steinbauten inne zu halten, in dem nicht nur Schafe und Hirten, sondern auch die Maquisards einen geschützten Unterschlupf fanden.

Der Weg führt links ab über die Wiese zum Wald (GR) in südliche Richtung. An einem weiteren, halb verfallenen Jas vorbei ca. 1 km durch den dichten Wald auf schmalem Weg. Die vielen umgefallenen Bäume zeugen von Sturm und Schneefall.

Aus dem Wald getreten, geht der Blick nach Süden über die gezirkelten Linien der Lavendelfelder bis zum Plateau de Vaucluse, dahinter dem Luberon, danach etwas links vom Luberon die Montagne Sainte Victoire, und wenn die Sicht sehr frei ist, noch dahinter die Chaine de la Sainte Baume auf der Höhe von Marseille.

Den Schotterweg kreuzen und geradeaus abwärts steigen – steinig und steil – bis zum breiten Sandweg, der an der Farm La Tinette entlang führt. Von hier auf der asphaltierten Landstraße leicht ansteigend zurück zum Parkplatz.

2. Saint Saturnin lès Apt

Bergdorf im Schatten des Vaucluse-Plateaus

Der Heilige Saturnin diente häufiger der Namensgebung eines Ortes, so wurde die nächstgrößere Stadt hinzugefügt: lès (= bei) Apt. An den Südhang des Plateau de Vaucluse geschmiegt, ragt die mittelalterliche Burgruine und romanische Kapelle weithin sichtbar über das Tal des Calavon. Aber die erste Besiedelung fand auf dem gegenüber befindlichen Hügel des Perreal statt. Seit der Eisenzeit bis ins 1. Jahrhundert vor unserer Zeitrechnung siedelte hier ein Stamm der Kelto-Ligurer. Auch auf dem spitzen, aus dem Vauclusegebirge herausragenden Pointu (871 m) wurde ein Oppidum gefunden.
Die besondere Lage Saint Saturnins am römischen Handelsweg Via Domitia (von Narbonne in den Piemont) erlaubte einen weiten Blick vom Kalksteinfels des Plateau de Vaucluse auf die im Calavon-Tal befindlichen Hügel des Ockergesteins bis zum Luberongebirge, und macht bis heute den Reiz dieses Ortes aus. Seit dem 10. Jahrhundert eine Domäne der Herren von Agoult, die die Burg mit Kapelle erbauten, wurde die sie umgebende Mauer im 13., 14. und 16. Jahrhundert erweitert. Von den drei Ummauerungen steht heute nur noch die Porte Aiguier.
Seit dem 17. Jahrhundert wurde etwas tiefer unterhalb der Mauern gebaut, und es entstanden bürgerlich-prächtige Häuserfassaden mit geschmückten Eingängen, so die beiden aus Stein gemeißelten Titanen, die einen Balkon tragen.

In der gleichen Zeit wurden die vier Getreidemühlen errichtet, von denen eine vollständige, restaurierte und ein Turm heute noch vorhanden sind. Außer dem Getreide in der Ebene wurde Wein angebaut, aber an den Hängen sorgten die Olivenbaumplantagen für die Produktion von Olivenöl. Die älteste Ölmühle der Gegend stammt aus römischer Zeit vor 2000 Jahren (Saint Panthaléon). Die Maulbeerbäume wurden zur Seidenraupenzucht angepflanzt, und schon immer war den Einheimischen bekannt, dass unter den in der Gegend vorherrschenden grünen und Steineichen die Trüffel-Pilze wachsen. Im 19. Jahrhundert führte ein findiger Bauer, Joseph Talon, die Anpflanzung von Eichen als Plantage zur Trüffelkultur ein. Ob die Trüffel sich zur Eichenanpflanzung begeben, ist damit noch nicht gesagt. Jedenfalls findet man heute noch überall, geheimnisvoll hinter Stacheldraht oder hohen Zypressenhecken verborgen, die in Reih und Glied stehenden Eichen an.

Das Wasser der Quellen wurde in die Fontainen geleitet, das Regenwasser in Zisternen aufgefangen. Da es trotzdem manchmal knapp wurde, baute man Mitte des 18. Jahrhunderts oberhalb von Saint Saturnin eine Staumauer, die sich 60 Jahre später als rissig erwies und in neuem Umfang Anfang des 20. Jahrhunderts rekonstruiert wurde. So besitzen die Saturnienser oberhalb ihrer

Titanen in Saint Saturnin

Häuser einen Stausee, der aber seit dem städtischen Wasseranschluss in den 1950er Jahren nicht mehr gebraucht wird.
Die Hirten mussten für ihre Ziegenherden in der rauen, felsigen Garrigue ebenso für Wasser sorgen und errichteten im 19. Jahrhundert überall auf den Höhen des Vaucluse die Aiguiers. Das sind Trockenstein-Kuppelbauten, iglu-ähnlich, in denen mithilfe von in den Fels gehauenen oder um das Dach gebauten Wasserrinnen Wasser gesammelt wird.
Saint Saturnin liegt auf etwa 350 m Höhe, die dazu gehörige Landschaft geht nach Süden hinunter in die Ebene bis zum Perreal und im Norden hinauf auf das Plateau de Vaucluse bis 1100 m. Wo es früher nur Ziegenpfade oder Schotterwege gab, ziehen sich heute Asphaltstraßen, in den Fels gesprengt, in Serpentinen hinauf. Nach dem halbhohen Gestrüpp der Garrigue, oft dornig, aber auch mit Gewürzsträuchern wie Rosmarin, Thymian, Majoran, Bohnenkraut oder Wacholder bewachsen, folgt die Hochebene, die wieder landwirtschaftlich genutzt ist, vor allem mit Lavendelfeldern. Hier taucht der kalksteinweiße Gipfel des Mont Ventoux vor dem tiefblauen Himmel auf. Während sich an den Hängen und im Tal die Domänen durch die Erbteilung immer weiter verästelten und heute kleine, ineinander verschachtelte Weiler geworden sind, liegen die Farmen auf den Höhen kaum erreichbar, einsam, abgeschieden, unter Schatten spendenden Bäumen, an den Fels geschmiegt gegen den Wind, mit gigantischem Blick zum Mont Ventoux oder über die Nesque-Schlucht.
Ein Lavendelbauer bei Saint Hubert sagte uns einmal:
Wenn man für einen Blick Geld bekäme, wäre ich der reichste Mann der Welt.
Heute zählt Saint Saturnin 2700 Einwohner, und auch wenn es sich an den Rändern leider mit Villengebieten in die Garrigue frisst, hat es seinen südfranzösischen, ländlichen Charakter bewahrt und ist ein lebendiger, aber unprätentiöser Ort, der auch im Winter nicht ausstirbt: keine Galerien und Boutiquen, sondern Bäckerläden, Schlachter, Lebensmittelhändler, zwei Hotels und einige Restaurants und Bars. Die Olivenkultur wurde mit dem großen Frost 1953 fast ausgelöscht und durch Weinanbau ersetzt, es gibt aber wieder eine Olivenölmühle (aus biologischem Anbau). Die Tradition der kandierten Früchte in Apt führte zu ihrer industriellen Herstellung durch die Aptunion (heute die US-Firma Kerry), was nicht nur den wasserintensiven Anbau von Kirschplantagen, sondern auch deren maschinengerechten Wuchs zur Folge hatte, neben der Abhängigkeit der Bauern von einem Industriebetrieb. Der Lavendel ist durch seinen Hybriden, den Lavendin, in die Ebene gewandert, und blüht dort schon ab Mitte Juni, während der echte Lavendel auf den Höhen erst zwei bis drei Wochen später dran ist und Ende Juli / Anfang August geerntet wird.

Die Verräterin

Nachdem die deutsche Wehrmacht im November 1942 auch den Süden Frankreichs besetzt hatte, wurde die Résistance in Saint Saturnin lès Apt und Umgebung im Frühjahr 1943 aktiv. Den Empfang und die Verteilung der Verweigerer des deutschen Arbeitsdienstes (S.T.O.) übernahmen ein Friseur, ein Forstwächter, ein Lehrer und einige andere, die sich zum Widerstand zusammen gefunden hatten. Sie organisierten die Herstellung falscher Papiere, Ernährungs-Scheine und schleusten sie auf die ersten Lager, meist Hofruinen in den Bergen des Vaucluse-Plateaus. In dieser Zeit galt Saint Saturnin als zu abgelegen für einen deutschen Überfall, so dass die aus Saint Saturnin und anderen Orten stammenden Widerständler ab und zu für eine Nacht nach Hause kamen. Im Dorf gab es noch eine andere Gruppe von versteckten Flüchtlingen: fünf vor Franco geflohene spanische Widerstandskämpfer und einige Juden.

Im Januar 44 erfolgten die ersten Fallschirmabwürfe mit Waffen, Sprengstoff, Kleidung und militärischen Technikern der Alliierten. Vor Tagesanbruch musste die Ladung im Unterholz oder an bestimmten Orten versteckt sein, die Techniker weitergeleitet werden. Für Saint Saturnin befand sich das Versteck in der Nähe des Hofes *Les Lays*, und nur wenige waren darüber informiert.

Die ersten Ermittlungen der Gestapo fanden am 23. Februar und am 5. Juni statt, wahrscheinlich durch Denunziation, aber dank der Umsicht des obersten Leiters des Widerstands von Saint Saturnin, Maurice Chaix, ehemals Tischler, konnten die Maquisards rechtzeitig fliehen.

Der Großteil der Bevölkerung des Dorfes und der umliegenden Höfe unterstützte die Résistance und half mit allem, was sie brauchten.

Am 1. Juli 1944 gegen 2 Uhr am Morgen wurde das Dorf geweckt von dem Lärm marschierender Stiefel, Befehlen auf deutsch und französisch, Motoren von durchfahrenden Lastwagen. Es handelte sich um eine Kompanie der in Robion stationierten Anti-Terroristen-Spezialeinheit der Waffen-SS, von Militär begleitet, sowie einer jungen Französin und fünf in Cavaillon verhafteten jüdischen Widerständlern.

Die 17-jährige Cécile, polnische Emigrantin aus Alès, arbeitete als Kellnerin in Cavaillon und Gordes. Die Maquisards wurden auf sie aufmerksam, da sie häufig zwischen Cavaillon und Gordes hin- und her trampte. Als sie sie beim Essen mit zwei suspekten Personen sahen, darunter einem französischen Militär, verantwortlich für die Verhaftung und Deportation von Juden, nahmen sie sie mit zu ihrem Lager bei dem Hof *Gayéoux*. Dort wurde sie vom Chef der Gruppe, Paul Nouveau, befragt. Davon überzeugt, dass sie nichts im Schilde führte, war er damit einverstanden, dass sie für etwa 14 Tage bei der Gruppe blieb und an allem teilnahm. Dann fand er es für sie zu gefährlich und schickte sie zurück nach Gordes. Am anderen Tag wurde sie beim Trampen auf dem Weg nach Cavaillon von Männern der Waffen-SS mitgenommen, sie luden sie zum Essen ein und fragten sie aus. Am gleichen Abend fuhren sie nach Robion, von wo sich der Treck mit deutschen Soldaten auf den Weg nach Saturnin machte.

Vom Dorf aus wurde zu Fuß die *Piste des Lays* hochmarschiert, die damals noch nicht asphaltiert war. Etwas hinter *Romanet* erschossen die Deutschen die fünf Juden und warfen sie den Abhang hinunter ins Gebüsch. Der Marsch ging weiter bis zum Hof *Gayéoux*. Dort schliefen sieben junge Verweigerer des S.T.O. und ein jüdischer Maquisard. Vier von ihnen versuchten zu fliehen und wurden erschossen, sie waren zwischen 17 und 21 Jahren alt. Unter ihnen ein Verweigerer, der mit drei weiteren eingeteilt war, die Kollektion des Museums *Calvet* (Avignon), die im Schloss von *Javon* in der Nähe versteckt wurde, zu bewachen. Die anderen vier wurden gefangen genommen. Unter ihnen befand sich einer, der sich Max nannte. Er zeigte Cécile das Waffen-Versteck und konnte später entkommen.

Die Truppe marschierte weiter zum Hof *Berre*. Blanche Gaillard, Witwe, ernährte hier ihre vier Kinder sowie eine alte Tante. Die Söhne Marcel, 20 Jahre, und Maurice, 15, waren gut bekannt mit den Widerständlern und halfen ihnen zusammen mit ihrer Mutter. An frühen Morgen war Paulette, die Frau von Paul Nouveau, mit ihrem 9 jährigen Sohn nach *Berre* gekommen, um sich in Sicherheit zu bringen.

Bei den ersten Schüssen gelang es Marcel, den Wald zu erreichen. Der Hof wurde von den Deutschen durchsucht und die Bewohner befragt, wobei Maurice geschlagen und zusammen mit Paulette nach *Gayéoux* gebracht wurde. Doch einige Soldaten kehrten plötzlich zurück, nahmen Blanche Gaillard beiseite und erschossen sie. Den Hof setzten sie in Brand. Auf dem Weg lag der Hof *Pétouchéou*, dessen Bewohner geflohen waren. Die Deutschen zündeten ihn im Vorbeigehen an.

Auf *Gayéoux* wurde Maurice frei gelassen, und die Deutschen machten sich über ein Schwein her, das sie schlachteten und brieten. Beim Abmarsch wurde auch *Gayéoux* in Brand gesetzt. Eine Gruppe der Deutschen marschierte weiter bis zum Weiler Savouillon, dessen Bewohner aber nach Sarraut und Saint Jean geflohen waren. Sie brachen Türen auf und plünderten die Vorräte.

Am Mittag kam ein Wagen mit Paulette Nouveau, den drei Widerständlern und ihren deutschen Bewachern in Saint Saturnin, Place Gambetta, an. Die Deutschen wandten sich an den Sekretär der Bürgermeisterei und erklärten, dass das ganze Dorf Gaullisten seien, das Terroristen unterstützte, und sie deshalb vier Gefangene erschießen würden, er sollte dem Priester Bescheid sagen. Der Sekretär trommelte vier Männer zusammen, darunter den Priester und den Arzt. Das Dorf lag still, die Einwohner hielten sich versteckt. Die drei jungen Männer wurden an die Mauer bei der Fontaine gestellt, Paulette an die Pforte zu einem Garten. Sie erklärte dem Priester, dass sie nichts habe, was man ihr vergeben müsse, und sie habe sich nichts vorzuwerfen.

Der Chef der Operation erklärte, dass sie mit der Erschießung ein Exempel statuieren wollten. Darauf antwortete Doktor Lassave, dass dieses Beispiel

diejenigen, die es beeindrucken sollte, nicht von ihren Handlungen abhalten würde. Der Deutsche fragte, was er denn meinte, was man tun sollte, sie zu überzeugen. Darauf antwortete Doktor Lassave: Sie erschießen Kinder. Glauben Sie, das könnte die Chefs des Widerstandes einschüchtern?
Im ersten Stock der Bäckerei schräg gegenüber beobachteten die drei Spanier und Maurice Chaix das Geschehen. Die Spanier waren bewaffnet und bereit, sich einzumischen. Maurice Chaix befürchtete Repressalien für das Dorf und überzeugte sie, davon abzulassen.
Die Erschießung wurde von drei Soldaten durchgeführt, allerdings erlitt Paulette nur schwere Verwundungen. Ein französischer Unteroffizier, der Honoré genannt wurde, erschoss sie mit der Pistole. Paulette war 31, die Jungen 18 und 19 Jahre alt. Das Dorf erhielt Anweisung, die Toten zur Abschreckung 48 Stunden liegen zu lassen.

Zwischen dem 6. und 11. August war die Résistance von Saint Saturnin an der Befreiung beteiligt, indem sie den Deutschen den Weg von Apt nach Sault versperrte. Auf dem Vaucluse in der Schlucht von Font-Juval wurde ein deutscher Konvoi überfallen und das Kommandanten-Fahrzeug mit seinen Insassen zerstört.
Die Résistance fasste Cécile im September 1944, brachte sie vor ein Tribunal, verurteilte sie zum Tode und erschoss sie. Honoré, der für den Sicherheitsdienst der Deutschen gearbeitet hatte, wurde ebenso verurteilt und erschossen. Max, der Verräter unter den Widerständlern, wurde in Sault erschossen.
Jean Geoffroy, der Bürgermeister von Saint Saturnin, war im Januar 1942 abberufen worden, woraufhin die meisten Mitglieder des Gemeinderates auch zurücktraten. Geoffroy wurde verhaftet und im August 1943 deportiert. Im Mai 1945 wurde er befreit und nahm im Oktober wieder seinen Platz als Bürgermeister ein.
Im November 1945 wurde auf dem Place Gambetta das Denkmal für die Opfer der Tragödie vom 1. Juli eröffnet, auf dem die Namen der Erschossenen, soweit sie identifiziert werden konnten, aufgeführt sind.

Exkurs: Der „freie" Süden

Der Ausbruch des Krieges am 3. September 1939 brachte den Franzosen zunächst den „drôle de guerre" (den komischen Krieg). Die einberufenen Männer saßen in ihren Unterkünften, und es passierte nichts. Hitler weitete die deutschen Grenzen zunächst nach Osten und Norden aus. (Jean-Paul Sartre hat über diese Zeit eine Roman-Trilogie geschrieben, „Wege der Freiheit": Zeit der Reife; Der Aufschub; Der Pfahl im Fleisch.)
Nachdem im Mai die neutralen Staaten Niederlande, Belgien und Luxemburg von den Deutschen überfallen und eingenommen waren, erlebte Frankreich einen Blitzangriff und streckte schon Mitte Juni die Waffen. Hitler marschierte am 14. Juni in Paris ein. Der neue Regierungschef Marschall Pétain (84 Jahre) unterschrieb am 22. Juni den Waffenstillstandsvertrag. Darin wurde vereinbart, dass der Norden Frankreichs zur besetzten Zone wurde. Etwas oberhalb der Mitte Frankreichs verlief die Demarkationslinie und knickte aber am Atlantik entlang nach Süden ab, so dass die gesamte Atlantikküste bis zur spanischen Grenze besetzt war. Der südliche Teil Frankreichs wurde zur freien Zone erklärt.
Die Regierung aus Paris unter Pétain zog nach Vichy. Pétain erhielt nahezu uneingeschränkte Vollmachten und nannte sich *Chef de l'Etat* (Staatschef). Er war ein Ultrarechter und unterstützte die faschistischen Machthaber in der besetzten Zone. Alle, die sich mit Recht vor der Nazi-Besatzung fürchteten, flohen in den Süden. Der Übergang über die Demarkationslinie konnte meist nur illegal erfolgen, da sie streng bewacht wurde und nur mit Passierschein übertreten werden durfte.
Andere flohen nach England, wie General de Gaulle, der von London aus eine Art Exilregierung aufbaute, zum Widerstand aufrief und die Résistance zu koordinieren versuchte.
Im Oktober 1940 führte die Vichy-Regierung die ersten Reglementierungen und Verbote für die Juden ein: Beschlagnahmung von Unternehmen, Verbot bestimmter ökonomischer Aktivitäten…
Ab Juli 1942 begann die französische Polizei und Verwaltung mit der Verhaftung und Deportation von Juden.
Im November 1942, nach der Landung der Alliierten in Nordafrika, marschierten die Deutschen in die freie Zone ein und besetzten auch diese. Gleichzeitig besetzte Mussolini den Süd-Osten Frankreichs, wozu auch Teile der Provence gehörten. Die italienische Besatzung endete im September 1943 mit der Befreiung Italiens und seinem Austritt aus dem Krieg und wurde von den Deutschen übernommen.
Eine große Hatz auf die in den Süden geflohenen Juden, Kommunisten und Antifaschisten einschließlich der in Lagern befindlichen Spanienkämpfer und französischen Widerständler setzte ein, geleitet von der deutschen Gestapo und Waffen-SS, unter aktiver Beteiligung der französischen Polizei und Verwaltung.
Im Februar 1943 wurde von der Vichy-Regierung das Gesetz für einen zwei-

jährigen Arbeitsdienst (S.T.O.: Servive du travail obligatoire) französischer Männer in Deutschland erlassen. Es galt für die Jahrgänge 1920, 21 und 22. Die jungen Männer wurden bei den Firmen BMW, VW, Daimler, Siemens, BASF und Telefunken (u.a.) eingesetzt. 600 000 Franzosen folgten dieser Order, 10 % davon überlebten den Arbeitsdienst nicht. 200 000 Franzosen tauchten unter.
Dieses Gesetz brachte damit der Résistance, die sich zu dem Zeitpunkt noch in ihren Anfängen befand, einen großen Zulauf. Überall versteckten sich junge Männer in den Wäldern und unzugänglichen Berggegenden. Die erste Organisation der Résistance verlangte die Verpflegung, Gruppierung und sichere Unterbringung dieser Widerständler. Bald darauf erfolgten die ersten Fallschirmabwürfe der Alliierten, aber erst ab Frühjahr 1944 begannen die Widerstandsgruppen des Südens, aktiv gegen die Besatzer einzugreifen durch Sabotage, Sprengungen, bewaffnete Angriffe.
Entlang der gesamten Côte d'Azur bauten die Deutschen Verteidigungsanlagen, deren Reste heute noch zu finden sind.
Nach der Landung der Alliierten im Juni 1944 wurde Pétain festgesetzt. Er wurde 1945 zum Tode verurteilt, von de Gaulle begnadigt und in die Verbannung geschickt.
Der Süden wurde mit Hilfe der aus Nordafrika gelandeten Alliierten und der ortsansässigen Widerstandsgruppen im Laufe des August 1944 befreit. Dabei flogen die Alliierten Luftangriffe, zum Beispiel auf Marseille, die natürlich auch die zu befreiende Bevölkerung trafen.

Ruine von Pétouchéou

Wanderung Vaucluse: Zwischen Lavendel und Ruinen

Karte: Carte de Randonnée 3242 OT
　　Apt 1:25 000
Länge : 5 km
Dauer: 1,5 Stunden
Höhenunterschied: 74 m
Schwierigkeitsgrad: leicht. Breite Wege, ein kurzes steiles Stück aufwärts.
Wetter: wenig Schatten
Ausrüstung: Picknick, oder Essen in Saint Saturnin möglich

Anfahrt: In Saint Saturnin lès Apt am Place Gambetta kurzer Halt, um das Résistance-Memorial anzusehen (gegenüber vom *Hôtel des Voyageurs*)
Saint Saturnin nach Westen durchqueren, hinter der Post Richtung Sault, nach 100m rechts ab auf der D 230 an der Mühle vorbei Richtung Sarraud.
Etwa 11 km schlängelt sich die Straße durch die Garrigue auf das Plateau de Vaucluse. In Sarraud (wenige Häuser) nach rechts auf einer schmalen Straße

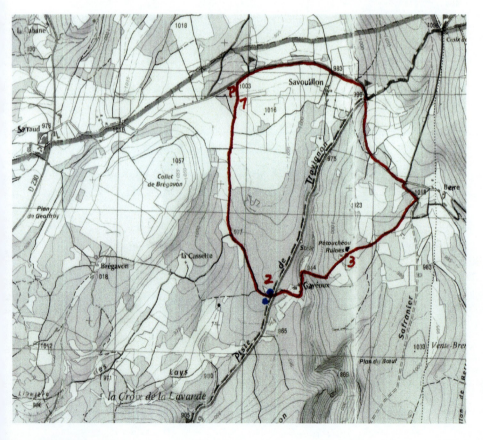

Richtung Savouillon. Nach ca 1,15 km geht links der GR 9 ab, 100 m weiter geht rechts ein Weg ab, vor dem wir am Straßenrand parken.

1) Wir sind auf 1000 m Höhe, rechts und links erstrecken sich weite Lavendelfelder. Der Weg geht geradezu südlich, etwa nach 1km erreicht er einen Waldrand. Auf der linken Seite der Wald, der Weg verläuft weiter südlich, bis von rechts ein markierter Wanderweg hinzustößt. Der Weg führt südöstlich durch den Wald. Kurz bevor wir die Piste de Travignon erreichen, machen wir Halt, um uns die Anlage zweier Aiguiers anzusehen. Rechterhand im Wald eine auf einer Felsplatte gehauene offene Wassertränke mit verschiedenen Zuläufen. Gegenüber auf der linken Seite des Weges im Wald ein prächtiges Aiguier, ein großes Trockensteinhaus mit Wasserzuläufen und einem Wasserbecken im Inneren.

2) Wir überqueren die Piste de Travignon, die die deutschen Truppen aus Saint Saturnin hinaufmarschiert waren. Auf der linken Seite liegt das Anwesen *Gayéoux*, das zum Teil wieder aufgebaut und bewohnt ist und nicht besichtigt werden kann. Der Weg führt nach links (Norden) abbiegend um das Anwesen herum in ein kleines Tal. Am Anfang des Tals steigt ein steiler Weg rechts nach oben, dem wir folgen, bis wir auf der Anhöhe an einem Lavendelfeld ankommen. Etwas weiter auf der linken Seite liegt die Ruine des Hofes *Pétouchéou*. Es ist ein besonderer Platz mit weitem Blick nach Süden bis über den Luberon hinaus, und eignet sich für ein Picknick.

3) Der schmale Weg geht in nordöstlicher Richtung durch bewaldetes Gebiet, bis wir auf die quer verlaufende Piste du Safranier stoßen. Vor uns in einiger Entfernung liegt der Hof *Berre*. Er ist bewohnt, und die Bewohner betonen durch einige Schilder, dass sie nicht gestört werden möchten. Wir folgen der Piste nach links, bis wir wenig später an eine befestigte kleine Straße kommen, der wir nach links folgen. Hier haben wir wieder weite Blicke, es ist landwirtschaftlich genutztes Gebiet, vor allem Lavendel und Getreide. Wir überqueren die Piste de Travignon und haben wenig später den Weiler Savouillon auf der linken Seite, etwas von der Straße ab liegend. Wir folgen der Straße bis zu unserem Parkplatz.

Rückfahrt Auf dem Rückweg kurz vor Sarraud grüßt uns rechterhand der Mont Ventoux. Wir empfehlen, hier die D 230 nach rechts in Richtung Sault zu fahren, bis zur Kreuzung, an der etwas oberhalb der Weiler St. Jaen liegt. Dann die D 943 nach links Richtung Lioux und Saint Saturnin nehmen. Hier ist das Plateau sehr bewaldet, und nach etwa 5 km taucht das Château Javon auf der rechten Seite auf, (in dem die Gemälde des Musée Calvet versteckt waren). Es lohnt sich, hier kurz anzuhalten.

Der D 943 Richtung Saint Saturnin folgen. Es ist ein gigantisches Gebiet aus verschiedenen Schluchten, bis zum Font Juval, wo man sich links hält, auf der nördlichen Seite der Schlucht, und weiter bis nach Saint Saturnin.

3. Ganagobie

Felsplatte über dem Fluss

Das Plateau von Ganagobie liegt oberhalb des Durance-Tales und der D 4096 von Manosque nach Sisteron, zwischen den kleinen Orten Ganagobie im Norden und Lurs im Süden, auf 650 m Höhe. Das Plateau hat eine Länge von etwa 1,3 km und ist an seiner weitesten Ausbuchtung 500 m breit. Seine Felswände fallen steil nach allen Seiten ab, die Zufahrt erfolgt auf einer schmalen Serpentinenstraße über 4 km.

Auf dem Kalkfelsen mit seiner dünnen Humusschicht wachsen immergrüne Steineichen, Schirmpinien, Wacholderbüsche, Rosmarin und Thymian. Die Mönche bauten Olivenhaine und Lavendel an. Das Plateau ist ausschließlich durch das Benediktiner-Kloster Ganagobie bewohnt, aber es trägt eine 4800-jährige Geschichte menschlicher Besiedelung.

Nach Osten überblickt es das breite Durance-Tal mit dem Plateau de Valensole auf der gegenüberliegenden Seite, dahinter erheben sich die Alpen mit ihren schneebedeckten Zacken. Die Durance ist heute ein domestizierter Fluss, er wird zur Stromgewinnung genutzt und zur Bewässerung, wovon die beiden Kanäle zeugen, einer auf der gegenüberliegenden Seite bringt Wasser für das Kraftwerk Oraison und ein kleiner Kanal unterhalb von Ganagobie bewässert die Felder zwischen St. Auban und St. Tulle. Die Ebene ist Anbaugebiet für Gemüse, Obstplantagen und Getreide. Das letzte Hochwasser erlebte sie in den 70er Jahren, ansonsten wirkt die ehemals reißende Durance wie ein von Austrocknung bedrohtes Rinnsal. Die Autobahn nach Sisteron beschallt das Tal mit ihrem steten Gebrumm.

Der Blick nach Süden geht über die Kuppe von Lurs zum Luberon, dahinter zu den Bergen der Sainte Victoire und der Sainte Baume.
Nach Westen liegt das Becken von Forcalquier, ein Meer aus Eichen- und Kiefernwäldern. Einzig einige Ruinen zeugen von einem Dorf, das seit 100 Jahren verlassen ist, Angès. Nach Norden liegt die Montagne de Lure, auch mit einem Kalkfelsen als Spitze, wie der Mont Ventoux.
Die heutige Zufahrtsstraße wurde 1953 ausgebaut und asphaltiert. Vorher gab es drei Wege, einen im Norden nach Peyruis, einen nach Westen zum Dorf Ganagobie, und einen nach Süden, der entlang der heutigen Straße verlief, aber kurz vor dem Tal abbiegt nach Lurs und dabei über eine Römerbrücke führt. Der Weg nach Westen wird Chemin de Monticelli genannt, da der Maler Adolphe Monticelli (1824-1886) auf dem Bauernhof des Klosters während seiner ersten elf Jahre aufgezogen wurde. Er hat später diese Landschaft auch gemalt.

Ein mittelalterliches Dorf in Ruinen findet sich ganz im Norden des Plateaus. Die Mauer, die es nach Süden schützte, wurde teilweise in Stand gesetzt, wie bei einem Schiff laufen die östlichen und die westlichen Felswände als Dorfgrenze zum nördlichsten Punkt zusammen, an dem ein Turm stand. Am südlichen Eingang ist ein schmales Kirchenschiff (nicht eindeutig bestimmt) mit einem gewölbten Saal zu erkennen. Das Dorf war mit rechtwinklig zueinander verlaufenden Straßen angelegt. Es ist ein hervorragender Platz für ein mittelalterliches Dorf, das sich schützen muss vor Angreifern. Aber auch sehr viel früher haben die Menschen das Plateau für sich genutzt. Die ersten Funde stammen aus dem Neolithikum (2800-1800 vor Chr.) Besonders viele Gegenstände wurden am Ort des Klosters gefunden aus der Bronzezeit (1800-800 vor Chr.) und einige aus der Eisenzeit.

Außer der geschützten und übersichtigen Lage war die Existenz von Quellen für die menschliche Besiedlung Voraussetzung. Die beiden noch vorhandenen Quellen an der Ostseite werden durch die leichte Schieflage des Felsplateaus von West nach Ost begünstigt. Nachdem in der Römerzeit nicht mehr auf den Bergen sondern im Tal gesiedelt wurde (die D 4096 folgt der Via Domitia), zog es die Menschen ab dem 5. Jahrhundert nach unserer Zeitrechnung wieder auf die Hochebene. Aus dieser Zeit stammen Funde von afrikanischen Amphoren, von orientalischer Keramik (neben der einheimischen) und von Geldstücken. In der Mitte des Plateaus befindet sich die Ruinen einer Kapelle, St. Martin, aus dem 12. Jahrhundert. Das mittelalterliche Dorf, das ursprünglich als Villa de Podio verzeichnet wurde und heute schlicht Villevieille (altes Dorf) heißt, wurde am Ende des 11. Jahrhunderts gebaut.
Überall im Wald sind die Steinbrüche der Mühlsteingewinnung zu entdecken, besonders am Ende der Allée de Forcalquier, die oberhalb des Klosters quer über das Plateau führt (zur Ostseite heißt sie Allée des moines, der Mönche). Es sind sowohl die Formen der herausgebrochenen Mühlsteine im Felsboden

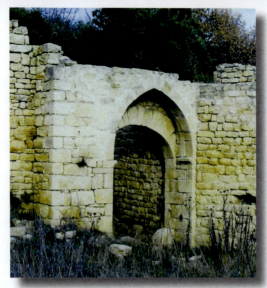

Villevieille

zu sehen, als auch nicht zu Ende geführte Arbeiten, bei denen der runde Mühlstein noch in seinem Bett liegt. Diese Steinbrüche stammen aus der Mittelalter-Zeit. Das Steinrund wurde mit der Spitzhacke herausgehackt, die Unterseite entweder mit Holzkeilen, die bewässert wurden, oder mit Hilfe von Eis herausgesprengt. Dafür wurden im Winter Furchen unter den Stein gehauen und mit Wasser gefüllt. Die Mühlsteine dienten als Öl- und Getreidemühlen für den Hausgebrauch.

Es wurde bei den umfangreichen Ausgrabungsarbeiten (1974-1994) eine große Anzahl von Gegenständen und Keramik gefunden, die ab 10. Jahrhundert datieren, ebenso Erwachsenengräber mit Skeletten. Möglicherweise war die Bestattung in der Nähe des Klosters eine Einnahmequelle für die Mönchsgemeinschaft.

Villevieille

Das Kloster Ganagobie wurde im 10. Jahrhundert erbaut und gegründet, wahrscheinlich auf einer vorchristlichen Kultstätte, später Kapelle oder Klosteranlage, die noch davor existierten. Im Jahre 950 erfolgte die Übergabe des Klosters an die Abtei von Cluny. In den folgenden Jahrhunderten wurden jeweils Ausbauten vorgenommen. Das Mosaik, das heute im Chor der Kirche zu bewundern ist und deutlich orientalische Züge trägt, wurde 1125 gelegt. Es ist mit 72 m² das größte Mosaik Frankreichs und in seiner Darstellung von außerordentlicher Schönheit. In Rot-, Braun- und Weißtönen gehalten und mit Tafeln von Ornamenten abwechselnd, begegnen uns bizarre Tiere mit zwei Köpfen, Sirenen-Vögel, Minotaurus, sowie Tiere, die der Künstler nur aus anderen Ländern kennen kann wie Löwen, Tiger und einen kleinen Elefanten, der ein Haus und einen Turm trägt, und zu beiden Seiten jeweils ein Ritter zu Pferde, linkerhand im Angriffsgalopp gegen zwei Fabeltiere, auf der rechten Seite einen Drachen tötend.

Orientalisches Mosaik im Kloster Gangobie

In der zweiten Hälfte des 16. Jahrhunderts wurde das Kloster im Laufe der Religionskriege zerstört. Wahrscheinlich wurde in dieser Zeit auch das Dorf aufgegeben, das zusätzlich unter der Pest zu leiden hatte. Ab 1579 war das Kloster verlassen und zerfiel. Im 17. Jahrhundert versuchten zwei Mönche eine Wiederbelebung und bauten einen Wohnflügel an. Aber 1791 wurde es an Privatpersonen verkauft und in der Französischen Revolution zerstört.
1883 gab der damalige Besitzer das verfallene Kloster an die Benediktinerabtei von Sainte Madelaine in Marseille, und kurz darauf wurde ein Mönch mit den Aufräumungsarbeiten betraut. Er ließ an der Quelle nahe dem Kloster, die nur noch wenig Wasser gab, ein Bassin bauen. 1905 gingen die Benediktiner aufgrund des Gesetzes der Trennung von Kirche und Staat ins Exil nach Italien

und kehrten erst 1922 zurück. Das Gebäude wurde 1929 teilweise und 1946 im Ganzen zum *Monument historique* erklärt.

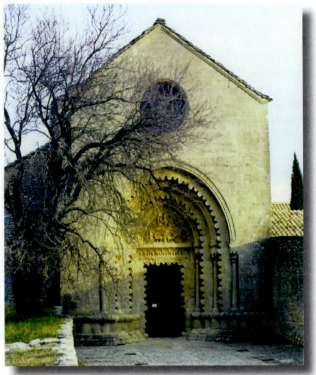

Klosterkirche Ganagobie

Ab 1940 bezog der Mönch Père Lorenzi das Kloster, der auch schon bei den Aufräumungsarbeiten geholfen hatte, und bewohnte es mit einem ande-ren Mönch in der Zeit des Krieges. Ab 1957 begannen die schwierigen Wiederaufbauarbeiten, die etwa 30 Jahre dauerten. Das Kloster war immer von einigen Mönchen bewohnt, bis die *Communauté de Hautecombe* beschloss, gemeinsam nach Ganagobie zu gehen, was 1987 geschah. Seitdem bewohnen etwa 30 Benediktiner-Mönche das Kloster.

Da das Interesse der Öffentlichkeit an diesem Ort immer groß war und durch den Wiederaufbau und die archäologischen Arbeiten noch gestiegen ist, sah sich die Abtei gezwungen, einen Kompromiss zu suchen zwischen ihrem Wunsch nach Stille und Abkehr und den Bedürfnissen der Einwohner der Umgebung und der Reisenden. So gaben sie den Westteil des Plateaus und die Kirche (nur von 15-17 Uhr) für Besucher frei und richteten ein Gästehaus innerhalb der Klosteranlage ein, in das sich Erholungssuchende einmieten können.

Die Grotten der Maquisards

Ab Februar 1943 fanden junge Widerständler gegen den Arbeitsdienst in Deutschland auf dem Plateau von Ganagobie Unterschlupf. Sie stammten aus der Umgebung und waren von der Résistancegruppe in Forcalquier aufgenommen und unter die Führung von Aimé Testanier und Denis Rostagne gegeben worden. Die beiden Mönche, Père Abbé Lorenzi und Frère Eloi, die in einem baufälligen Gebäude neben der verfallenen Kirche wohnten, nahmen sie gern auf und halfen bei der Verpflegung. Zunächst campierten sie in der Nähe der Quelle unter dem östlichen Felsrand, im Frühjahr aber kamen weitere Widerständler aus Marseille dazu, und die Gruppe wurde geteilt. Ein Großteil der Verpflegung wurde durch die Kooperative von Oraison bewerkstelligt, ein Arzt aus St. Etienne des Orgues übernahm die medizinische Versorgung, ein Wachdienst wurde eingerichtet. Im Juni 1943 unternahm die Gendarmerie von Forcalquier eine „Aufräum-Aktion". Da sie aber mit der Résistance sympathisierte, wurde diese vorher unterrichtet, trotzdem wurden 5 Maquisards verhaftet und nach Digne gebracht, zwei konnten später in Marseille fliehen, keiner wurde nach Deutschland geschickt. Aber der Ort Ganagobie war „verbrannt", und die Widerständler verstreuten sich an andere Orte.

Ein Jahr später, im Frühjahr 1944, beherbergte das Plateau von Ganagobie eine andere Widerstandsgruppe, 15–20 Personen, unter der Führung von Claude Renoir, dem Sohn des Malers Auguste und Bruder des späteren Filmregisseurs Jean Renoir. Es handelte sich um eine *groupe franc*, also eine unabhängige Gruppe innerhalb der Résistance-Organisationen. Ihr Ziel war, neben dem Empfang von Fallschirmladungen, die Sabotage an den Verkehrswegen und andere Angriffe gegen die Besatzer. Das Plateau verwandelte sich in eine Festung. Der Zufahrtsweg wurde vermint, ein schweres Maschinengewehr an seinem Anfang aufgestellt, vier Beobachtungsposten überwachten Tag und Nacht die anderen Zufahrtswege. Die Gruppe nahm ihre Mahlzeiten an der Quelle ein und verbrachte die Nacht in einer Grotte unterhalb des Felsabhangs im Westen, deren Eingang bewacht und mit einer Sprengladung verbunden war. An dem großen Rückzugsweg der deutschen Besatzung gelegen, neben dem Rhônetal eine wichtige Verbindung nach Norden, war der Maquis von Ganagobie zugleich hoch gefährdet und in privilegierter Position, um die Deutschen zu attackieren.

Am 8. Juli 1944 marschierten am frühen Morgen drei Kolonnen von je 100 Mann deutscher Soldaten und Milizen zum Hof *Ferme des Rousses*, auf dem sich eine Maquis-Gruppe befand. Der Hof lag ganz in der Nähe von Ganagobie und einem anderen Maquis in L'Ille Verte. Beide Gruppen eröffneten das Feuer auf die Deutschen, um sie abzulenken und den auf dem Hof Versteckten Gelegenheit zum Fliehen zu geben, was auch geschah. Nur 4 Personen blieben, um den Ort zu verteidigen. Zwei Widerständler und die Bäuerin Irène Amblard wurden getötet. Ein letzter hielt noch die Stellung, bis er schließlich zu schießen aufhörte und die Tür öffnete: Es war ein Kind von 12 Jahren, René Amblard. Die Deutschen bewunderten seinen Mut und verschonten ihn.

Portrait 2

René Char

Sein Großvater hieß Magne Char und wurde Charlemagne (Karl der Grosse) genannt. Sein Vater Joseph Emile Magne Char heiratete nach dem Tod seiner ersten Frau deren Schwester, Marie-Thérèse Rouget. René Char wurde 1907 als viertes Kind geboren. Sein Vater war Verwalter in einer Gipsfabrik und wurde Bürgermeister von L'Isle, das damals noch nicht L'Isle-sur-la-Sorgue hieß. Die kleine Stadt wird das Venedig der Provence genannt, da die Sorgue hier, 25 km bevor sie bei Avignon in die Rhône tritt, ihr Delta ausbreitet. Auf einer Insel bauten sich im Mittelalter Fischer ihre Hütten, später versorgten viele Wasserräder die Mühlen, und im 19. Jahrhundert diente der Fluss der aufkeimenden Seiden- und Leinenindustrie für die Färbereien.
Der schnell dahineilende Fluss spielte im Leben des heranwachsenden René eine große Rolle. Seine Familie bewohnte in der damals noblen Vorstadt Névons ein stattliches Haus. Als sein Vater 1918 starb, wurden die Mittel knapp, aber seine Mutter schaffte es, das Haus zu halten. René wurde in ein Internatsgymnasium nach Avignon geschickt. Er studierte danach auf einer Handelsschule in Marseille und arbeitete nach dem Militärdienst in einer Expeditionsfirma, obwohl er sich immer schon für Literatur interessierte und Gedichte schrieb. 1928 wurde eine erste Gedichtsammlung veröffentlicht, die er später vernichtete. 1929 gründete er eine Revue, die drei Nummern überstand, eines der 26 Exemplare der nächsten Zeitschrift schickte er an den surrealistischen Dichter Paul Eluard nach Paris. Damit begann sein Eintritt in die surrealistische Bewegung. Im November zog er nach Paris und lernte die anderen Surrealisten kennen, Louis Aragon, André Breton, Salvadore Dali... Zusammen mit ihnen publizierte er verschiedene Gedichtsammlungen und Zeitschriften. Mit Paul Eluard verband ihn eine tiefe Freundschaft, gemeinsam besuchten sie 1931 die ehemalige Frau von Paul, Gala, mit ihrem neuen Lebensgefährten Dali in Cadaquès/ Spanien. Aber den Schritt in die Kommunistische Partei, den Eluard und Aragon angesichts der bedrohlichen Weltlage vollzogen, ging René Char nicht mit.
1932 heiratete er Georgette Goldstein, sie lebten überwiegend in L'Isle. Nach Ausbruch des Krieges kam René Char in eine Artillerieeinheit und verbrachte einen kalten Winter im Osten. Er geriet in Gefangenschaft, konnte fliehen und kam nach der Niederlage Frankreichs im Sommer 1940 zurück nach L'Isle.
Dass der freie Süden keine wirkliche Freiheit bedeutete, bekam er sofort zu spüren, da er von der Vichy-Polizei als Kommunist verfolgt wurde. Er versteckte sich in dem kleinen Dorf Céreste, an der Nationalstraße von Apt nach Forcalquier gelegen. Dort gewann er schnell Freunde, die ihm wegen seiner Klarheit und Menschlichkeit die Tür öffneten. René Char wurde sich in dieser ersten Zeit der Besatzung, in der die Besatzer noch nicht physisch anwesend waren, bewusst, dass seine Existenz als Dichter nicht ausreichen würde, vor sich selbst gerade

zu stehen, und deshalb begann er, sich und andere vorzubereiten auf den bewaffneten Widerstand. Char verwendete den Ausdruck, l'homme debout, der aufrechte Mensch, um das Ziel seiner politischen Hoffnung zu definieren. Die „Verwandlung des Dichters in einen heimlichen Organisator und Anführer von Menschen der Nacht" schrieb einer seiner Freunde aus Céreste, Georges Louis Roux, zog viele in seinen Bann: den Lebensmittelhändler, den Gendarmen, den Lastwagenfahrer und andere einfache Menschen, die ihn als natürliche Autorität anerkannten, da er Vertrauen und Zuversicht ausstrahlte. Er fuhr in dieser Zeit viele Kilometer mit dem Fahrrad, knüpfte Verbindungen, suchte nach sicheren Orten. Er schloss sich der S.A.P. an, der Organisation für den Empfang der Fallschirmabwürfe, und wurde deren Chef für das Departement, unter dem Pseudonym Capitaine Alexandre. Nachdem die Deutschen den Süden besetzt hatten, empfing seine Gruppe Fallschirmladungen, legte Waffendepots an, nahm an Befreiungsaktionen teil und an bewaffneten Aktionen gegen die Besatzer. Neben der Organisation, dem Beistand, der Ermutigung, neben dem Abhören heimlicher Nachrichten und den furchtbaren Augenblicken, in denen seine besten Freunde ermordet wurden, ließ René Char den Dichter nicht schweigen. Er schrieb in seinem Versteck kurze Bemerkungen, Skizzen, Gedichtfragmente, in denen er seine Gefühle, Begegnungen, Beobachtungen festhielt. Nach dem Krieg erschienen diese Notizen, geordnet und durchgearbeitet, als die „Blätter des Hypnos", und so haben wir einen fast intimen und sehr bewegenden Einblick darin, was der Widerstand diesen „in der Verborgenheit herumhuschenden Wesen" abverlangte. René Char bewahrte sich in dieser Zeit voll Zorn, Angst und Trauer die Wahrnehmung für die Natur, für einfache, kleine Empfindungen, für die Liebe. Hypnos, mit dem er sich identifizierte, ist der griechische Gott des Schlafes, Bruder des Todes und Sohn der Nacht.

René Char erhielt im Juli 1944 den Befehl von den Alliierten aus Algier, bei der nächsten Landung eines ihrer Flugzeuge sich nach Afrika ausfliegen zu lassen. Char folgte diesem Befehl nur sehr widerwillig. Er wusste, dass die Alliierten genaue Informationen brauchten, da ihre Landung an der Mittelmeerküste unmittelbar bevor stand. Aber er ließ seine Gruppe im Augenblick der Entscheidung äußerst ungern allein. Nach diesem „Besuch" auf oberster Ebene und allem was folgte, hegte Char keinerlei Drang, sich an den Lobgesängen über die Résistance, an Geltungssucht und Machtgier zu beteiligen, und lehnte jeden politischen Posten ab. Der Dichter kehrte zurück in die einsame Stille seines Schreibtischs.
Seine Dichtung der folgenden Jahre blieb durchzogen von den Erfahrungen des Krieges und seiner großen Hoffnung auf den Menschen als ein revoltierendes Wesen. Darin traf er sich mit Albert Camus. In den 50er Jahren, bis zu dessen frühem Tod 1961, begegneten sie sich häufig, schrieben sich regelmäßig, wanderten durch den Luberon, begleiteten einander in ihrer literarischen Arbeit. Ein anderer wichtiger Freund wurde der Maler Nicolas de Staël, mit dem er ein Buchprojekt realisierte und eine innige Brieffreundschaft pflegte, bis der sich

1955 von den Klippen stürzte.
Char, der in L'Isle wohnte, aber nach Paris immer wieder pendelte, blieb ein einsamer Kämpfer. Er schloss sich keiner politischen Gruppe an, mischte sich aber in Kämpfe ein wie den gegen die Stationierung der Atomraketen auf dem Plateau d'Albion 1966. „Widerstand ist nichts als Hoffnung" ist einer seiner zentralen Gedanken, aber auch: „Die Orthodoxien meiden, sie sind fürchterlich."
Er starb im Februar 1988 in Paris.

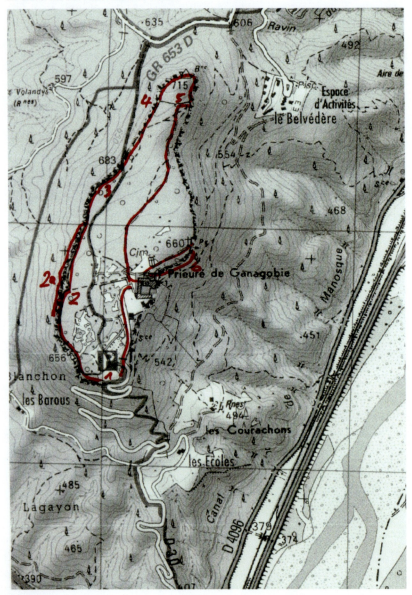

Wanderung Ganagobie: Auf der Felskante zum Kloster

Karte: Carte de Randonnée 3341 OT
   Montagne de Lure 1:25 000
Länge : 3 km
Dauer: 1,5 Stunden (bedenken, dass die Klosterkirche nur von 15-17 Uhr zu besichtigen ist, montags geschlossen)
Höhenunterschied: 70 m
Schwierigkeitsgrad: steinige, aber gut gehbarer Wege, am Felsrand in Villevieille Schwindelgefahr. Acht geben auf Kinder. Abweg nur für Geübte.
Wetter: Schatten vorhanden, zu empfehlen bei klarer Sicht und nicht nach starken Regenfällen
Ausrüstung: Picknick

Anfahrt
Auf der D 4096 von Manosque nach Sisteron vom Abzweig nach Forcalquier aus nach etwa 3,5 km auf das Schild nach links *Prieuré Ganagobie* achten. Nach 4 km recht steiler Serpentinenstraße erreicht man das Plateau und fährt direkt auf den weiten Parkplatz unter Bäumen.

1) Vom Parkplatz aus nimmt man sich ein wenig Zeit, um die Aussicht wahrzunehmen: nach Süden über das Durance-Tal entlang, rechterhand zwei Bergspitzen, auf der zweiten ist der Ort Lurs zu sehen, dann das Luberon-Gebirge. Der Parkplatz ist abgegrenzt von dicken Felssteinen, die bei der Konstruktion des Kellerbaus im Kloster herausgelöst wurden, um eine Bibliothek unter Tage einzurichten.

Der Wanderweg beginnt am Ende der Steine, am Rande des Felsplateaus (gelbe Markierung) unter krüppeligen Steineichen. Wir wandern an der Westseite des Plateaus Richtung Norden. Nach links gibt es schöne Ausblicke auf das Dorf Lurs und weiter hinten in einer Senke Forcalquier. Ein Sandweg ist zu erkennen durch den Wald unter uns, wahrscheinlich sind hier die drei Hundertschaften deutscher Soldaten und französischer Milizen entlanggekommen.

Der Wanderweg verläuft mal direkt am Rand, mal macht er einen kleinen Schlenker durch den Wald, bis wir an einen Aussichtspunkt kommen, am Ende der von rechts kommenden, mit runden Steinen gepflasterten Allee de Forcalquier.

2) Der Blick geht über das bergige, bewaldete Land, in nördlicher Richtung die Montagne de Lure. Wir gehen einige Schritte in den Wald rechts von uns, dort befindet sich der Mühlstein-Steinbruch. Hier wurde auch ein Wasserbecken aus dem Fels gehauen, das für die Extraktion benutzt wurde.

Wir wenden uns wieder zum Felsrand und folgen immer dem schmalen Weg am Rande des Felsens entlang.

2a) Abweg für Geübte: Wir gehen zurück an den Aussichtspunkt und den Weg, den wir gekommen sind, zurück einige Schritte am Felsrand entlang, bis ein kleiner Weg rechts durch Gebüsch nach unten führt, bis eine Möglichkeit besteht, rechts in nördlicher Richtung unterhalb des Felsrandes weiterzugehen. Auch wenn es nicht immer einen klaren Weg gibt, halten wir uns so dicht wie möglich am Felsen und entdecken bald die Überhänge, die den Maquisards als Unterschlupf dienten. Es ist hier möglich, dass auch einmal über einen umgestürzten Baum geklettert werden muss. Nach mehreren großen Felsüberhängen kommt ein mit Steinen gebauter Unterschlupf, aus dem ein Ofenrohr schaut. Wir gehen links um die großen, flachen Steine, die den Weg direkt am Fels versperren und kommen auf eine breitere Terrasse, die seicht nach oben führt. Der Felsrand rechterhand wird immer niedriger, bis wir eine natürliche Felstreppe erblicken, darüber ein toter, querliegender Baum. Wir steigen in wenigen Schritten zurück auf den Wanderweg am Felsplateau.

3) Der Weg führt an einer bemerkenswerten Schirmpinie vorbei mit im Halbrund gemauerten Sitzsteinen, das Pinien-Amphitheater. Ein geeigneter Picknickplatz.
Etwas weiter kommt der Weg an einem gehauenen Stein-Wasserbecken mit Einlauf vorbei, das *La Fontaine aux Oiseaux* genannt wird, der Vogel-Brunnen, der sicher eher den Menschen diente. Bald gelangen wir an eine Kreuzung.
Der Chemin de Monticelli führt links ab den Berg hinunter, rechts geht der breite Wanderweg zum Kloster zurück. Wir folgen aber dem Fußpfad geradeaus weiter am Felsrand entlang. Rechts im Wald zeugen schon Steinhaufen von früherer Besiedelung. Nach etwa 200 m klettern wir über die Reste einer niedrigen, alten Mauer, und 100 m später stößt der Weg auf die hohe Ummauerung des mittelalterlichen Dorfes.

4) Wir bleiben auf dem Pfad am Felsrand entlang und sehen rechts die von Bäumen und Gras überwucherte, verfallene Stadt. Immer am Rand entlang bis zum nördlichsten und höchsten Punkt des Plateaus von Ganagobie (719 m), an dem noch die Turmreste zu erkennen sind. (Sehr steiler Felsabsturz, Vorsicht mit Kindern!)
Ein grandioser Ausblick: links die langgestreckte Montagne de Lure, auf der anderen Seite der Durance die schneebedeckten (je nach Jahreszeit) Zacken der Alpen. Unten das Dorf Ganagobie, weiter entfernt Peyruis, gegenüber der Durance sind die Felsen von Les Mées zu sehen.
Wir folgen dem Felsrand im Bogen zur Ostseite in Richtung Süden, hier gibt es einige sehr steil abfallende Felsstellen, aber es ist ein sicherer Weg, und bald erscheint wieder die mittelalterliche Mauer.

5) Am Eingang der Stadtmauer, direkt angebaut, befindet sich der 14 m lange, ehemals gewölbte Saal eines größeren Gebäudes, dessen Identifikation nicht eindeutig ist, einige Wissenschaftler gehen davon aus, dass es sich um eine Kirche handelte, andere nennen es ein Wachhaus.

Die östliche Seite des Plateaus wird oft von den Mönchen versperrt. Bei offenem Gatter geht man den Weg vom Tor gerade durch den Wald. Sonst gehen wir an der Mauer entlang zurück zum westlichen Felsrand. Auf dem gleichen Weg, den wir gekommen sind, bis zur Kreuzung, dort wenden wir uns links auf den breiten Wanderweg, der Richtung Kloster führt. Bis zur Allee, die wir nun in Richtung Kloster nehmen (Allée des Moines) bis zur Kirche.
Nach Besichtigung der Kirche und des Mosaiks kurz vor dem Verlassen rechts auf einen besonders schmuckreichen Sarkophag achten.

6) Nach Verlassen der Kirche rechts bis zu dem breiten Weg, dann aber gleich rechts einen unscheinbaren Weg in eine Senke nehmen. Hier befindet sich ein alter Friedhof mit in den Fels gehauenen Grabstätten. Wir folgen dem Weg bergab, am Felsen entlang, an einer alten Quelle mit Auffangbecken vorbei bis zu der Quelle unter vorstehenden Felsen mit einem kleinen Waschbecken (*lavoir*). Hier campierte das erste Maquis von Ganagobie.
Wir gehen den Weg zurück bis zum breiten Weg, dem wir jetzt nach rechts folgen. Linkerhand liegt hinter einer niedrigen Mauer der Friedhof der Mönche. Am Ende des Weges gelangen wir an einem überdimensionierten weißen Kreuz an den östlichen Steilhang des Plateaus und haben noch einmal das Alpen- und Verdon-Panorama vor uns.
Zurück zur Kirche, an der Klostermauer entlang auf einen breiten Weg links, der an einer Boutique vorbei zum Parkplatz zurück führt.

Rückfahrt Es ist zu empfehlen, fast am Ende des Serpentinenweges bergab die Abzweigung rechts nach Lurs zu nehmen. Es ist eine schmale Straße, die über die Römerbrücke führt und steil hinauf bis zur Kuppe. Durch das Dorf bis zum Ausgang, wo geparkt werden kann. Wenn man zurückgeht, gibt es rechts vom Stadttor ein kleines Café mit einer Terrasse unter Bäumen und mit Blick über das Durance-Tal. Die Besichtigung des sehr geschlossenen, reizvollen Dorfes ist lohnend.

4. Sanary-sur-Mer
Ein Wachturm am Mittelmeer

Geschützt nach Norden durch die Montagne Le Gros Cerveau (429m), liegt Sanary in einer natürlichen Bucht zwischen den großen Hafenstädten Marseille und Toulon, aber weit genug entfernt, um seinen eigenen Charakter zu bewahren. Angesichts der heutigen Ausuferungen der Touristenorte an der Côte d'Azur, auch der von Sanary selbst, ist man bei der Ankunft am Hafen und dem ersten Blick auf die Altstadt erfreut und erleichtert. Natürlich ist es kein ruhiges Fischerdorf mehr, aber dass es das einmal war, ist noch zu erkennen. Heute liegen im Hafen überwiegend Segeljachten, doch das Meer ist nicht verbaut, es gibt noch Fischerboote mit ihren Netzbergen am Kai, und die schmalen Häuser in der Altstadt haben überlebt. Aber man bemerkt auch gleich, dass es sich schon Ende des 19., Beginn des 20. Jahrhunderts zu einem gehobeneren Ferienort gemausert hatte. Dazu hat vor allem sein mildes Klima beigetragen.

Das haben vielleicht auch die Dinosaurier gefunden, als sie vor 205 Millionen Jahren ihre Spuren im Massiv des Gros Cerveau eingruben. Die Grotten in den Bergen dienten den ersten Menschen im Neolithium als Unterschlupf. Ab dem 5. Jahrhundert vor unserer Zeitrechnung siedelten die Kelto-Ligurer auf dem Mont Garou, wo es noch Reste eines Oppidums gibt, und zogen im Laufe der Jahrhunderte weiter in die Ebene, um die ersten Wein- und Olivenbaum-Kulturen anzulegen. Beides brachten die Griechen mit.
Die Römer bauten ab dem 1. Jahrhundert vor Christus ihre Villen in der Ebene zum Meer hin, sie handelten mit Wein und Olivenöl. In den ersten beiden Jahrhunderten nach Christus arbeiteten zahlreiche Keramikwerkstätten mit ihren Öfen, um Amphoren für den Transport herzustellen. Daher der Name des Nachbarortes: *Six-Fours*, sechs Öfen.

Ollioules, nördlich von Sanary, versteckt sich hinter der Schlucht, die die Reppe in den Fels gegraben hat. Es war den folgenden Zeiten, in denen verschiedene Völkerwanderungen das Land heimsuchten und auch die Sarazenen ihre Spuren hinterließen, besser gewachsen. So dass es später, ab dem Mittelalter, die wieder wachsenden Nachbardörfer unter seine Fittiche nehmen durfte. Der Name Sanary entstand durch die Kapelle Sancti Nazari (auf provenzalisch San Nari), die um 1156 gebaut wurde. Ollioules stellte sich einen Wachturm an die Bucht, viereckig und mit 2 Meter dicken Wänden, von einem Wassergraben umgeben. Er zeigt in seiner Architektur arabische Einflüsse. Zwischen Turm und Kirche entstand der Ort. Viele italienische Familien kamen von Genua, und 1507 erlaubten die Seigneures von Ventimilia und von Simiane 16 Familien, die sie hier ansiedelten, ihre Häuser auch in dem ehemaligen Graben, also direkt am Turm zu bauen. Im 17. Jahrhundert mauserte sich die Stadt, eine erste Kaimauer wurde angelegt, die Sanaryaner wollten unabhängig von Ollioules werden, was den anderen Dörfern wie Six Fours, Seynes, Ceyreste schon eher gewährt wurde. Erst 1668 erhielten sie von König Louis XIV die Unabhängigkeit als Stadt unter der Auflage, dass bis zu 13 königliche Galeeren ihren Hafen benutzen dürften. Die Stadt besaß 800 Einwohner und 40 Fischerboote.
Im 18. Jahrhundert mussten nicht nur Piraten vertrieben werden, 1720 brachten diese auch die Pest von La Ciotat aus an die Küste. Während der Belagerung von Toulon durch die Engländer in der französischen Revolution sollen die Bürgermeister von Sanary und Six-Fours diesen Waffen geliefert haben, weshalb sie guillotiniert wurden.

Der Name schwankte zwischen Sanary (während) und Saint Nazaire (nach der Revolution), jedoch ab 1890 durfte sich der Ort endgültig Sanary nennen.
Ende des 18. Jahrhunderts wurden die beiden Mühlen auf dem Hügel gebaut, 1837 hatte die Stadt schon 2700 Einwohner. Haupteinnahmequellen waren der Handel mit Wein, Öl und Salz aus den zwei Salinen. Mit der ersten Eisenbahnanbindung 1859 (von Marseille nach Toulon) wurde das Städtchen auch für Reisende interessanter. Im gleichen Jahr eröffnete das erste Hotel. Auch das Haus, das direkt am Turm gebaut war, wurde umgewidmet in das Hôtel

de la Tour, 1898. Drei weitere Hotels eröffneten noch vor 1914. Was Sanary in der touristischen Entwicklung den anderen, mondäneren Küstenorten wie St.Tropez, Cannes und Menton voraus hatte, war seine Schlichtheit, Abgeschiedenheit und Stille.

Aber es kamen nicht nur Reisende, sondern auch schon Ausländer, die blieben. Zunächst war es die Blumenkultur, mit der sich einige Deutsche in der Bucht von Sanary niederließen. Und dann erschienen, verstärkt nach dem 1. Weltkrieg, die Maler. Matisse, Derain, Braque, Seurat und auch Picasso liebten die Côte d'Azur und machten sie bei Künstlern und Intellektuellen bekannt.

Unter den Literaten waren es (wie überhaupt bei den Reisenden) die Engländer, die als erste kamen. Katherine Mansfield wohnte im Winter 1915, im Frühjahr 1918 und 1923 im Nachbardorf Bandol. Der mit ihr befreundete D.H. Lawrence folgte mit seiner Frau Frieda und zog 1928 ganz nach Bandol. Aldous Huxley und seine Frau Maria besuchten sie und kauften sich daraufhin eine Villa in Sanary, Villa Huley (aufgrund eines fehlerhaften Namensschildes), die sie 1930 bezogen. Huxley war auch mit deutschen Literaturschaffenden befreundet, so mit dem Kunsthistoriker Meyer-Gräfe und seiner Frau, die im benachbarten St. Cyr wohnten. Viele der ab 1933 ins Exil geworfenen Künstler und Schriftsteller waren auf ihren Reisen früher schon in Sanary gewesen. Die Maler Rudolf Levy und Walter Bondy hatten sich vor dem ersten Weltkrieg mit einem Kreis französischer und deutscher Künstler im Café-du-Dôme in Paris getroffen. Denn Frankreich galt als das Land der Freiheit, für die Kunst und den Einzelnen, der Demokratie und der Kultur.

Künstler und Schriftsteller auf der Flucht

Die oft beschriebenen Bilder der deutschsprachigen Exil-Künstler von Sanary, die sich bei den Manns oder Feuchtwangers zum Vorlese-Abend, im Café de Lyon oder dem der Witwe Schob traf (und der zu Besuch gekommene Bert Brecht sang seine Lieder), sind nur die helle Seite der Wahrheit.
Neben diesen Bildern des Lebens unter Palmen und in schicken Villen, des Schreibens und Debattierens in den Cafés, der Vormittage badend im Meer, des Beziehungskarussells, des heimlichen Partnertauschs, der Eifersüchteleien um den Papsttitel in der Literatur, wollen wir nicht den Anfang der Geschichte vergessen und nicht das Ende, und wahrnehmen, dass die beschriebenen Bilder nur einen sehr kurzen Zeitraum umfassen, in dem zwischen allem Unheil und aller Hoffnungslosigkeit einfach gelebt wurde und wunderbarerweise auch geschrieben, gelacht und geliebt.
Zu diesen nach Sanary ins Exil Geflohenen gehörten Lion und Martha Feuchtwanger, Thomas und Katja Mann, Ernst Toller und Christiane Grautoff, Eugen Spiro, Ludwig und Sascha Marcuse, René und Anna Schickele, Walter Bondy, Eva Herrmann, Lola Humm-Sernau, Sibylle Bedford, Friedrich Wolf, Franz Hessel und Familie, Bruno und Liesl Frank, Alma Mahler-Werfel und Franz Werfel, David und Anna Seifert und viele andere, sowie die immer wieder zu Besuch Kommenden, weil sie in anderen Hafenstädten Unterschlupf gefunden hatten, wie Alfred und Friedel Kantorowicz, Heinrich und Nelly Mann, Golo, Klaus und Erika Mann, und andere, die schon vor 33 dorthin gezogen waren wie Wilhelm und Alice Herzog, Hilde Stieler und Erich Klossowski...

Der Schriftsteller **Lion Feuchtwanger** (1884-1958) und seine Frau **Martha** (1890-1987) waren 1925 von München nach Berlin gezogen. Durch seine Romane *Jud Süß* und *Erfolg*, in dem auch Hitler auftritt, war er eines der ersten Hassobjekte der Nazis. 1932 fuhr er zu einer Vortragsreihe in die USA, während Martha ihren alljährlichen Skiurlaub in der Schweiz genoss. Die Machtergreifung erlebten beide im Ausland, Lion kam mit einem französischen Schiff zurück und fuhr zu Martha, in der Schweiz beschlossen sie, nicht nach Deutschland zurückzukehren. Lion ließ eine umfangreiche Bibliothek in Berlin. Ihr Haus wurde von der SA geplündert, sein Vermögen beschlagnahmt. In Deutschland brannten am 10. Mai Feuchtwangers Romane, schon am 23. August wurde er ausgebürgert, Martha 1936. Für Feuchtwanger, der sich zeitlebens mit dem Judentum auseinander setzte, obwohl er kein gläubiger Jude war, waren die Ereignisse in Deutschland keine Überraschung. Doch er ging davon aus, dass sich die Verhältnisse in einem Jahr ändern würden und sie zurückkehren könnten. Das Exil war nur ein anderer Ort, an dem er seine Romane schreiben wollte. Sie zogen zunächst in die Nähe der Meyer-Gräfes nach Bandol. Martha fand das Haus Villa Lazare an einer Bucht zwischen Bandol und Sanary. Später mieteten sie die repräsentative Villa Valmer auf dem Hügel. Feuchtwan-

gers hatten keine finanziellen Probleme, da sein Roman *Die Geschwister Oppermann* 1933 im Exilverlag Querido in Amsterdam erschien und einen großen Erfolg in den USA hatte. Die Feuchtwangers blieben sieben Jahre in Sanary.
Lola Humm-Sernau (1895-1990) war seit 1926 die Sekretärin von Lion Feuchtwanger. Viele seiner Bücher schrieb er nicht selber auf, sondern diktierte sie. Es gelang ihr, vor ihrer überstürzten Abreise aus Berlin kurz nach dem Reichstagsbrand, einige Manuskripte aus Feuchtwangers Berliner Haus zu retten, bevor es von der SA verwüstet wurde. Sie kam ebenfalls nach Sanary und wohnte in der Villa Si Petite. Sie arbeitete weiter für Lion und war zeitweise seine Geliebte. Ebenso wie Lion und Martha, wurde sie 1940 interniert, obwohl sie mit dem Schweizer Fritz Humm verheiratet war. Nachdem den Feuchtwangers die Flucht geglückt war, tippte sie noch das Manuskript der Josephus-Trilogie zu Ende und sandte es an Lions New Yorker Verleger. Sie rettete sich in die Schweiz, wo sie in Briefkontakt war mit dem Dichter Rudolph Leonhard, der in Hyères im Exil gewesen war und in Vernet und Les Milles interniert wurde. 1957 besuchte sie Feuchtwanger in der Villa Aurora in Santa Monica. Sie blieb in der Schweiz und übersetzte viele Romane aus dem Amerikanischen.

Heinrich Mann (1871-1950), der lange Zeit berühmtere der beiden Brüder, (durch seine Bücher *Der blaue Engel, Der Untertan*) war seit vielen Jahren regelmäßiger Gast in Nizza gewesen. Durch seine klare, politische Haltung war ihm die Gefahr, die durch die Nazis drohte, bewusst. Eine Woche vor dem Reichstagsbrand reiste er, nachdem er eine Warnung erhalten hatte, ohne zu zögern ab, seine Freundin Nelly Kröger wurde kurzzeitig verhaftet und folgte ihm dann nach Nizza. Beide kamen oft zu Besuch nach Sanary. Er gründete mit Bruno Frank, Romain Rolland und anderen Schriftstellern im Mai 34, ein Jahr nach den Bücherverbrennungen, die Deutsche Freiheitsbibliothek in Berlin, die über 15 000 in Deutschland verbotene Bücher enthielt. In Frankreich hatte Heinrich keine finanziellen Probleme und konnte seine erste Frau und seine Tochter unterstützen. Erst später in den USA ging es ihm schlecht, und er musste von seinem Bruder Hilfe annehmen.

Thomas Mann (1875-1955) hielt im Februar 1933 eine Festrede in der Münchener Universität zum Todestag von Richard Wagner. Thomas, der sich als unpolitisch sah, äußerte in dieser Rede kritische Gedanken gegen das Deutschtum Wagners. Er reiste mit der Rede nach Amsterdam, Brüssel und Paris und fuhr dann in die Schweiz. Hier rieten ihm seine politisch sehr wachen Kinder Klaus und Erika, nicht nach Deutschland zurück zu kehren. Auf Anraten von René Schickele reisten Katia und Thomas, unterstützt von Erika, mit ihren Kindern Elisabeth und Michael über mehrere Stationen schließlich im Mai nach Bandol, wo sie vom Hotel aus nach einem Haus suchten. Thomas Mann verstand die Welt nicht mehr. Er wollte nicht begreifen, warum die Barbaren in seinem geliebten Vaterland wohnen durften und er nicht. Lange dachte er über Kompromisse mit den Nazis nach. Anfang Juni zog die Familie nach Sanary in die Villa La Tranquille auf dem Hügel. Auch wenn die Stadt sich mit diesem berühmten Gast gern schmückt, er blieb nur vier Monate, zog wieder in die Schweiz, um Deutschland näher zu sein. Sein Haus in München war von der SA beschlagnahmt worden. Erst 1936 rang er sich dazu durch, sich öffentlich gegen die Nazis auszusprechen, worauf viele im Exil Lebende seit langem warteten. Aber sein Verleger Bermann-Fischer, der es noch in Deutschland aushielt, hatte ihn um Rücksicht gebeten. Im Exil in den USA zog er wieder in die Nähe der Feuchtwangers.

Der Philosoph und Schriftsteller **Ludwig Marcuse** (1894-1972) hatte seine politische Gesinnung als Redakteur in verschiedenen Tageblättern wie der Vossischen Zeitung kundgetan und stammte aus einer jüdischen Kaufmannsfamilie. Trotzdem saß er noch am 27. Februar 1933 gemütlich mit zwei Freunden in einem Berliner Café. Als ein Kellner ihnen mitteilte, dass der Reichstag brannte, packte er sofort die Koffer und verließ am anderen Tag mit seiner Frau Sascha Deutschland. Sie fuhren zunächst nach Nizza und kamen wenig später nach Sanary, dort mieteten sie das Häuschen Villa La Côte. Marcuse schrieb für Emigrantenblätter und war politisch aktiv für die Exilautoren in Frankreich. Von ihm stammen die Beschreibungen von Sanary als „Hauptstadt der deutschen Literatur im Exil" und vom „notgedrungenen Paradies" (in seiner Biografie). Marcuse und seine Frau blieben bis 1939 in Sanary, von wo sie dann ins Exil in die USA nach Los Angeles gingen.

Eigentlich war **René Schickele** (1883-1940) Elsässer, studierte aber in Deutschland, gab früh verschiedene Zeitschriften heraus und arbeitete als Redakteur. Dem ersten Weltkrieg entging er durch sein Asthma. Später bekannte er sich zum Pazifismus. Mit seinem Haus in Badenweiler hatte er in den zwanziger Jahren den richtigen Wohnsitz zwischen Deutschland und Frankreich gefunden. Aber schon im Juli 1932 notierte er: „Hitler ante Portas." Schickele war vorausschauend. Im Frühjahr hatte er mit seiner Frau die Meyer-Gräfes in Staint Cyr besucht, im September war er wieder da und mietete die Villa La Ben Qui Hado (provenzalisch: das schön gelegene Haus) in Sanary. Auf der Höhe über Sanary gelegen, überblickt sie Stadt und Bucht. Ab November 1932 zogen sie dort ein. Schickele wurde im Mai 1933 aus der Akademie der Künste in Berlin ausgeschlossen, da er sich geweigert hatte, eine Treuerklärung für das neue Regime zu unterschreiben. Er wurde noch eine Weile weiter in Deutschland verlegt (von Bermann-Fischer), war aber in großer Sorge, dass die Exilanten in der öffentlichen Erinnerung vom Nazi-System ausgelöscht werden könnten. Im Oktober 33 mussten sie die Villa verlassen und zogen in ein Haus, das ihm gesundheitlich nicht bekam. Deshalb, aber auch aus finanziellen Gründen, übersiedelten sie nach Nizza, wo alles billiger war. Aber er fühlte sich in Sanary heimisch und schrieb einen Roman, der dort spielt, jedoch nicht vom Exil handelt: *Die Witwe Bosca*. 1938 zogen sie noch einmal um nach Vence. Dort starb René Schickele im Januar 1940. Anna Schickele konnte mit ihrem Sohn in die USA fliehen.

Julius Meyer-Gräfe (1867-1935) war als Kunsthistoriker Wegbereiter der Malerei der Moderne und ihr Kritiker. Er interessierte sich schon um die Jahrhundertwende für van Gogh und schrieb 1918 eine Biografie über ihn. Die französischen Impressionisten zogen ihn an, er lebte mehrere Jahre in Paris. 1927 beschloss er, mit seiner 39 Jahre jüngeren Frau Annemarie, nach Südfrankreich zu ziehen, da er ergründen wollte, was die Maler dorthin zog. Sie kauften ein Haus in St. Cyr. Die Nazis verfemten ihn als Urheber der „entarteten Kunst". Das Paar war Anziehungspunkt für viele, die ins Exil getrieben wurden. Julius Meyer-Gräfe starb schon 1935 in einem Sanatorium in der Schweiz. Annemarie blieb bis kurz vor dem Einmarsch der Deutschen 1942 und emigrierte dann in die USA. Nach dem Krieg kaufte sie wieder ein Haus in St. Cyr und wohnte dort ab 1950.

Franz Hessel (1880-1941) Schriftsteller und Lektor beim Rowohlt-Verlag, war auch einer der vielen Frankreich-Liebhaber, der zwischen beiden Ländern hin- und herreiste. Vor dem ersten Weltkrieg zum Kreis der Künstler im Café du

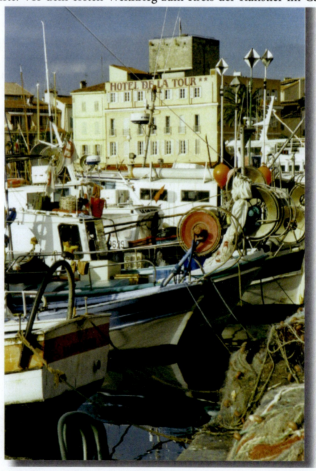

Dôme gehörig, war er befreundet mit Henri-Pierre Roché. Seine Frau Helen, mit der er zwei Söhne hatte, Ulrich und Stephan, verliebte sich in Roché und zog mit den Söhnen nach Paris. Franz Hessel blieb 1933 in Berlin, er wollte widerstehen. Aber als der Rowohlt-Verlag von den Nazis geschlossen wurde, kurz vor der „Kristallnacht" 1938, ging er ins Exil, zunächst nach Paris, wo er sich wieder mit Helen und den Söhnen vereinte, gemeinsam zogen sie 1939 in die inzwischen leerstehende Villa Huley in Sanary. Der Sohn Stéphane diente beim französischen Militär. Im Mai 1940 wurde Franz Hessel mit dem Sohn Ulrich wie viele andere in Les Milles als feindlicher Ausländer interniert. Franz litt sehr unter den Bedingungen der Lagerhaft. Im Herbst konnten sie nach Sanary zurück und wohnten im Mas de la Carreirado, das einen Turm besaß, in dem Hessel arbeitete. Aber im Januar 1941 starb er an Entkräftung. Als die Deutschen kamen, versteckten sich Helen und Ulrich auf dem Land bei Bauern, weil die Schweiz sie nicht aufnehmen wollte. Sohn Stéphane geriet in deutsche Konzentrationslager und konnte sich daraus retten. Roché schrieb einen Roman über das Dreiecksverhältnis, der als Film berühmt wurde: *Jules und Jim*. Stéphane Hessel machte 2010 nach einem engagierten und aufregenden Leben von sich Reden mit seiner Flugschrift: *Indignez-vous!* (Empört euch!)

Alma Mahler-Werfel (1879-1964) **und Franz Werfel** (1890-1945) gaben im Sommer 1937 ihre Wohnung in Wien auf und reisten nach Italien. Dort erfuhren sie von dem Anschluss Österreichs an Hitler-Deutschland. Alma fuhr im Februar 38 nach Wien, löste alle Konten auf und packte die wertvollsten Sachen, darunter eine Partitur von Anton Bruckner, in etwa neun große Koffer. Sie verabschiedete sich von ihrer Mutter und traf sich mit Franz in Mailand. Sie fuhren zunächst nach London, wo er gern geblieben wäre, aber ihr war es zu kalt. Also gingen sie nach Paris, und Alma fuhr im Juni 38 nach Saint Cyr zu Annemarie Meyer-Gräfe, um ein Haus zu suchen. Sie mietete den runden Turm auf dem Hügel in Sanary, Le Moulin Gris, in den sie Ende Juli einzogen. Alma fühlte sich nicht wohl in Sanary, sie litt unter dem Abschied von Wien. Obwohl Franz Werfel Jude war, machte sie manchmal anti-jüdische Bemerkungen, auch war sie anti-kommunistisch und betrachtete sich von daher in dem Emigrantenmilieu zwischen allen Stühlen sitzend. Franz Werfel war herzkrank. Er schrieb in Sanary seinen Roman „Der veruntreute Himmel" zu Ende. Nach vielen Hin- und Herfahrten nach Paris und nach Bordeaux, landeten sie im Sommer 1940 in Marseille, wo sie sich über Varian Fry um Ausreisepapiere bemühten. Werfel wollte nicht aus Europa weg. Am Ende mussten sie zu Fuß über die Pyrenäen gehen, da sie zwar ein Visum für die USA, aber keine Ausreiseerlaubnis hatten. Alma erschien mit 12 Koffern, die Varian Fry mit dem Zug über die Grenze brachte, während sie zusammen mit Golo, Heinrich und Nelly Mann den anstrengenden Weg über den Berg nach Spanien liefen. Heinrich musste fast den ganzen Weg von Golo und dem Führer getragen werden.
Sie kamen im Oktober 1940 in New York an. Alma beschreibt diese Geschichten ausführlich in ihrem Tagebuch.

Exkurs: Exil

Als Hitler Januar 1933 die Macht erhielt, war die Gefahr für alle, die jüdischer Abstammung oder politische Gegner waren oder sich öffentlich gegen den Faschismus geäußert hatten, unmittelbar. Das galt nicht nur für Kommunisten und Sozialdemokraten, sondern auch für kritische Intellektuelle in der Litera-tur, Musik, Kunst und anderen Gebieten. Die ersten Verhaftungen setzten sofort ein, da die Nazis schon Listen angefertigt hatten mit den Namen ihrer Staatsfeinde. Durch den Reichstagsbrand am 27. Februar 1933, den sie auf das Konto der Kommunistischen Partei schrieben, hatten sie einen idealen Vorwand, loszuschlagen. Hitler verkündete noch am selben Abend, die kommunistischen Reichstagsabgeordneten gehörten sämtlich aufgehängt, seine Kampfansage verschonte auch die Sozialdemokraten nicht. Am 28. Februar wurde die Reichstagsbrandverordnung herausgegeben, in der alle Grundrechte der Weimarer Verfassung außer Kraft gesetzt wurden. Es war der Anfang der Umwandlung der Republik in eine Diktatur. Die Kommunistische Presse wurde verboten, das Politbüro der KP geschlossen.

Der 24-jährige Maurer Marinus van der Lubbe, der am Tatort gefasst wurde und gestand, den Brand gelegt zu haben, wurde nach einem Gerichtsverfahren hingerichtet. Andere Beschuldigte wurden frei gesprochen, da sie sich beispiellos selbst verteidigen konnten. Das Justizsystem war zu diesem Zeitpunkt noch nicht vollkommen gleichgeschaltet.

Bis Mai 1933 wurden 100 000 politische Gegner verhaftet und in erste, provisorische Konzentrationslager gebracht. Unter ihnen waren Carl von Ossietzky, Erich Mühsam, Egon Erwin Kisch, Ernst Thälmann...

Mit Aktionen „wider den undeutschen Geist", die vom Nationalsozialistischen deutschen Studentenbund organisiert wurden, begann man ab April, jüdische, kommunistische und pazifistische Schriftsteller zu verfemen und die Bücherverbrennungen vorzubereiten. Am 10. Mai wurden in Berlin und 21 anderen Städten Scheiterhaufen aufgerichtet und in einer großen Zeremonie die Bücher der zu ächtenden Schriftsteller verbrannt. Unter den ersten waren Karl Marx, Heinrich Mann, Erich Kästner, Siegmund Freud, Alfred Kerr, Kurt Tucholsky und Carl von Ossietzky.

Moderne Kunst und auch Musik, die jetzt „entartet" hießen, wurden verboten. Ab April 33 wurden alle unerwünschten Künstler aus öffentlichen Ämtern geworfen und mit Berufsverbot belegt. Insgesamt wurden 20 000 Kunstwerke von 1400 Künstlern aus den Museen entfernt. Zum Glück wurden nicht alle vernichtet, da den Nazis wohl klar war, dass sie Geld einbrachten. Viele blieben erhalten, weil sie ins Ausland verkauft oder getauscht wurden.

Für die intellektuellen Exilanten waren die Metropolen der Nachbarstaaten zunächst der erste Anlaufpunkt: Paris, London, Prag, Amsterdam, Zürich und Basel. Oft hatten sie dort vorher schon Kontakte gehabt. Bevor man an ein Exil in Übersee dachte, wollte man erst mal in der Nähe bleiben und abwarten. Viele rechneten zwar mit einem Krieg, aber nicht von dieser Länge und mit diesen

Ausmaßen. Es wurde unter den Intellektuellen allgemein davon ausgegangen, dass im Falle eines Angriffskrieges von Hitler sich die demokratischen Nach-barn und die USA zusammenschließen würden, um Hitler zu vernichten. Dass es den USA und anderen Staaten wichtiger war, den Kommunismus (Sowjet-union) zu bremsen und sie dafür den Faschismus in Kauf nahmen, wurde erst mit der Revolution in Spanien 1936 deutlich.

Das Leben in den Städten war teuer, und die meisten Emigranten flohen nur mit einer Tasche oder einigen Koffern. Außerdem bestand die Gefahr, dass es dort Spitzel gab, Entführungen durch die Gestapo waren nicht selten (darüber schreibt Lion Feuchtwanger in seinem Roman Exil, der in Paris spielt). Die französische Riviera war vielen von Reisen bekannt und versprach Ruhe und Abgeschiedenheit. Denn für die meisten Schriftsteller und Künstler galt, dass sie sich in einem Schaffensprozess befanden, den sie so schnell wie möglich wieder aufnehmen wollten. Aber sie arbeiteten im leeren Raum: Ihr Publikum, ihre Leser waren nicht mehr vorhanden. Ihre Existenz war davon abhängig, veröffentlicht zu werden. Einigen gelang es. Einige wurden krank und starben vor der Zeit, da sie keine Hoffnung sahen. Andere wurden auf immer vergessen.

Café de Lyon in
Sanary am Hafen

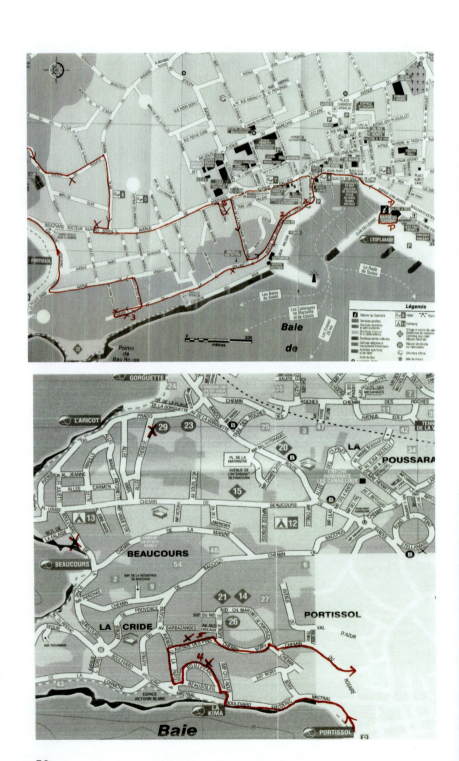

Rundgang in Sanary: Im Exil unter Palmen

Karte: Stadtplan von Sanary sowie die Broschüre *Sur les pas des Allemands et des Autrichiens en Exil à Sanary 1933-1945* (Text dt., engl., frz.), beides im *Maison du Tourisme* an der Ostseite des Hafens (Quai du Levant) erhältlich.
Länge: 4,5 km
Dauer: 2 Stunden
Ausrüstung: Bequeme Schuhe, Badesachen, Picknick, oder Essen in Sanary möglich. Juli/August wegen Hitze und Tourismus wenig empfehlenswert.

Anfahrt Von der A 50 Aubagne nach Toulon die Ausfahrt Bandol/Sanary nehmen. Auf der D 559 Richtung Sanary, die obere Umgehung D 211 Richtung Ollioules, am 1. Kreisel Richtung Centre, dann immer Richtung Parking Esplanade, 4. Kreisel rechts in die *Avenue de l'Europe Unie*, geradeaus bis zum letzten Kreisel, dort geradeaus auf den großen Parkplatz fahren, möglichst weit durch Richtung Hafen. An den Anlagen entlang gehen zum Hafen hin, rechts auf den *Quai du Levant*, Treffpunkt Maison du Tourisme.

1) Vor dem Touristikbüro steht die Erinnerungstafel für die deutschsprachigen Exilanten. Wir gehen am Hafen und seinen Cafés entlang. Links von der Kirche befand sich die Dachwohnung des Arztes und Schriftstellers Friedrich Wolf. Schräg gegenüber das *Hôtel de la Tour*. Wir gehen an der Westseite des Hafens zum *Boulevard Corbet*, am Anfang rechts war das Fotoatelier von Walter und Camille Bondy. Der österreichische Landschafts- und Portraitmaler lebte seit 1932 in Sanary, wo er Camille kennen lernte, zusammen eröffneten sie ein Fotogeschäft und fotografierten die schönsten Portraits der Exilanten.
1936 gingen sie nach Toulon, da die Atmosphäre in Sanary zunehmend ausländerfeindlich wurde. Dort sind heute noch einige Fotos in der Stadtbibliothek aufbewahrt.

2) Wir folgen dem Boulevard die *Montée des Oratoires* hinauf, die heute sehr hübsch angelegt ist mit vielen mediterranen Blumen. Je weiter wir nach oben steigen, desto schöner werden die Blicke über die Bucht. Wenn wir an der Kapelle (rechts) angekommen sind, liegt wenige Schritte weiter links der Turm *Le Moulin Gris* (Nr. 9) von Alma und Franz Werfel.

Wir gehen den *Chemin de la Colline* immer weiter. Es ist und war das gutbürgerliche Viertel von Sanary. Es sind hier noch einige ältere Villen erhalten geblieben, viele wurden 1944 von den Nazis zerstört, die hier ihre Abwehrbunker gegen die von Afrika kommenden Alliierten bauten und nicht davor zurückschreckten, die schönsten Häuser zu zerstören. So auch die *Villa Tranquille* (Nr. 442, rechts fast am Ende des Weges), in der Katia und Thomas Mann mit ihren Kindern wohnten. Es war damals eine weiße, einstöckige Villa mit großen Fenstern, Säulen und Veranden.

Le Moulin Gris

Wenden wir uns zurück auf die gegenüberliegende Seite, so findet sich dort das Haus *La Côte Rouge* (Nr. 385) von dem Schriftsteller Bruno und seiner Frau Liesl Frank. Sie lebten 1934 für ein dreiviertel Jahr hier, als die Manns schon nicht mehr da waren. Sie gingen anschließend nach London und trafen die Manns, mit denen sie befreundet waren, in Kalifornien wieder.

3) Wir gehen zurück und biegen links in die erste mögliche Abzweigung, die *Montée du Commandant Blouet*, die wir hinabsteigen bis zur 1. Straße links, der *Avenue de Verdun*, der wir nach links folgen bis zur Bucht von Portissol. Es war früher ein eigener Hafen: Port Issol (vielleicht von *isolé*, abgeschieden) Hier empfiehlt sich eine Bade- und Picknickpause. Von der *Esplanade Frédéric Dumas* geht es um die Bucht herum in den *Bou-levard Frédéric Mistral*, der an der Westseite der Bucht mit schönen Blicken aufsteigt und uns in ein weiteres, prächtiges Villengebiet auf dem Hügel *La Cride* führt. Rechts in den *Boulevard Beausoleil*, die Sackgasse *Chez nous* rechts liegen lassen, dann teilt sich der *Boulevard*, und wir nehmen den rechten Arm, bis er eine Biegung nach links macht, in der Ecke befindet sich die *Villa Valmer* (Nr. 164), in der Martha und Lion Feuchtwanger wohnten.

Villa Valmer

Hier verbrachte auch der Kulturkorrespondent Alfred Kantorowitz eine kurze Zeit, nach seiner Freilassung aus Internierungslagern und Haft in Marseille 1940, als die Feuchtwangers schon in die USA emigriert waren. Im Winter verfeuerte er die Bücherregale.

4) An den unter hohen Bäumen versteckten, sehr unterschiedlichen Villen entlang macht der Boulevard einen kreisförmigen Bogen. Dann rechts bis zur *Avenue de la Papou* rechts und die nächste rechts, *Avenue des Pins*. Die Schirmpinien sind hier tatsächlich am häufigsten anzutreffen, da sie anspruchslos auf den Felsen wachsen.

In der Nr. 132 auf der linken Seite, *Villa Le Patio*, lebten der Maler Anton Räderscheidt und die Fotografin Ilse Sahlberg von 1938 bis 1940. Ilse Sahlbergs 19-jähriger Sohn Ernst Meyer, der auch in Sanary war, wurde später von französischen Gendarmen verhaftet, den Nazis ausgeliefert und umgebracht. Er hatte in einem Versteck den Gendarmen die Tür geöffnet, um seiner Mutter und den Räderscheidts die Möglichkeit der Flucht zu geben. Anton mit seinen beiden Söhnen und Ilse konnten sich nur mit knapper Not in die Schweiz retten.

Die Villa mit Innenhof wurde von einem Schüler Corbusiers, Auguste Perret, entworfen und war preisgekrönt.

5) Von der *Avenue des Pins* weiter in den *Chemin Bory*, nach einer scharfen Rechtskurve links in den *Chemin du Rosaire*, der einen großen Rechtsbogen beschreibt und hinter dem Tennisplatz links in die *Avenue du Rosaire* abgeht. Da, wo die Straße leicht nach links abknickt, liegt das Haus (ohne Schild) von Ludwig Marcuse, die *Villa La Côte*.

Von der *Avenue du Rosaire* geht es rechts in den *Chemin Olive*, bis wir auf den breiten Boulevard *Docteur Raphael Boyer* kommen, den wir ein kurzes Stück nach rechts gehen bis zum Haus Nr. 92, der *Villa Si Petite* (so klein), in dem Lola Humm-Sernau lebte.

Dem Boulevard folgen wir nun zurück Richtung Centrum, er geht in die *Avenue de Portissol* über.

Nach 400 m, kurz vor dem Kreisel, geht rechts die *Impasse Lou Cimai* ab.

Hier lebten die Hessels in dem Haus mit dem Türmchen, im *Mas de la Carreirado,* und später Alfred Kantorowitz.

Franz Hessel starb hier im Januar 1941.

Mas Carreirado

6) Zurück auf die *Avenue Portissol*, entweder über den Kreisel geradeaus die *Avenue Gallieni* entlang, bis zum *Place de la Tour* und dem Hafen (250 m vom Kreisel). Oder, den schöneren Weg, rechts die *Montée de la Carrerade* hinauf und oben links wieder die *Montée des Oratoires* hinunter zum Hafen (500 m). Anschließend haben wir uns einen Besuch in einem der Hafen-Cafés verdient. Das von den Exilanten frequentierte Café der Witwe Schwob ist heute Le Nautique, oder sie gingen ins Café de Lyon.

Rückfahrt: Wer noch das Haus von Schickele, das erste Haus der Feuchtwangers und das von Aldous Huxley sehen will, fährt vom Parkplatz geradeaus auf der *Avenue de l'Europe Uni*, am großen Kreisel links in den *Chemin de la Buge*, am nächsten Kreisel geradeaus *Corniche du Soleil*, am folgenden Kreisel rechts in die *Avenue de la Résistance*, die nächste rechts auf den kleinen Ring *Rond Point Stellamare*. Gleich auf der rechten Seite, Nr. 363, liegt die schöne Villa *La Ben Qui Hado* von René und Anna Schickele.

Die Ringstraße umrunden, rechts auf die Route de Bandol, gleich hinter dem nächsten Kreisel links, *Chemin de Bacchus*, nach 400 m rechts, *Chemin de la Marine*, bis man am Ende an der Bucht Beaucours herauskommt. Rechts in den Boulevard de la Plage de *Beaucours*, das erste Haus direkt über der Bucht ist die *Villa Lazare*, wo die Feuchtwangers zuerst wohnten.

Man muss sich vergegenwärtigen, dass es 1933 das einzige Haus weit und breit war. Es hatte einen abschüssigen Garten bis zum Meer. Hier ereignete sich die legendäre Geschichte, dass Martha ihren Besuchern Bertold Brecht und Arnold Zweig das Leben rettete. Als die beiden im Garten spazieren gingen, lösten sich die Bremsen von Marthas am Steilhang geparkten Wagen, Martha riss vom Trittbrett aus das Steuer herum, der Wagen überschlug sich und rollte über sie. Ein Bein war gebrochen, und sie konnte einen Winter nicht mehr Ski fahren, was ihr am meisten ausmachte. Das Haus war nicht gut heizbar, und so zogen sie im Frühjahr 1934 in die Villa Valmer.

Den Boulevard weiter Richtung Bandol, an der nächsten Kreuzung rechts in den *Chemin de Beaucours*, die vierte Straße links in die *Allée Thérèse*. Fast am Ende rechts, Nr. 340 befindet sich die *Villa Huley*, in der Maria und Aldous Huxley von 1930 bis 1937 (mit Unterbrechungen durch viele Reisen) lebten. Sie befanden sich nicht im Exil und hatten daher einen manchmal kritischen Blick auf die „hässlichen", deutschen Exilanten. Aber sie trafen sich oft mit ihnen. Aldous schrieb hier sein berühmtes Buch „Brave New World". Er fuhr in einem roten Bugatti, an den die Sanaryaner sich noch lange erinnerten. 1937 gingen sie in die USA und trafen auf dem Dampfer Thomas und Katia Mann wieder. Oben an der Kreuzung rechts in die *Avenue du Prado*, die auf die *Route de Bandol* führt, links Richtung Bandol und Autobahn.

Villa Lazare

5. Les Milles

Eingesperrt bei Staub und Ziegeln

Das Dorf Les Milles liegt südwestlich von Aix-en-Provence, eingerahmt von Autobahnen und dicken Zubringerstraßen sowie Neubausiedlungen für diejenigen, denen Aix zu teuer geworden ist. Ursprünglich ein Agrardorf, hat es eine Besonderheit: Seine Erde ist stark tonhaltig, und so gab es eine lange Tradition der Tonbearbeitung zur Herstellung von Dachpfannen und Ziegeln. Lange Zeit als Handarbeit in kleinen Betrieben, wurden die runden Pfannen, die in der Provence typisch sind, über dem Oberschenkel der Männer geformt, deshalb sah jede Pfanne anders aus. Im 19. Jahrhundert lagen aufgrund der Landflucht viele Felder brach, und so konnte die Industrie sich der Erde bemächtigen. Die riesige Ziegelei von Les Milles wurde 1882 in Betrieb genommen. Viele italienische Flüchtlinge aus dem Piemont, Männer und Frauen, arbeiteten hier neben den französischen Arbeitern und Arbeiterinnen.

Die Ziegelei von Les Milles ist ein einzigartiges Bauwerk von 15 000 m², das aus drei im Karree liegenden vierstöckigen Gebäuden aus roten Ziegelsteinen besteht, mit einem Innenhof in der Mitte. Nach dem Krieg wurden noch viele weitere Gebäude hinzugefügt, so dass das Karree auf der vierten Seite auch geschlossen und der Innenhof bebaut ist, außerdem hat sich die Ziegelei nach den Seiten immens ausgedehnt.

Am 6. September 1939 nahm eine Einheit des französischen Militärs unter dem Capitaine Garuchon die Ziegelei in Beschlag. Der französische Staat brauchte aufgrund des Ausbruchs des Krieges Internierungslager für feindliche Ausländer, das waren vor allem deutsche Staatsbürger, es wurden alle Männer zwischen 17 und 55 Jahren aufgefordert, sich zu melden. Die Bürokratie machte keinen Unterschied zwischen Menschen, die vor dem Faschismus in Deutschland geflohen und inzwischen staatenlos waren, und Nazis. Man befand sich im Krieg, und von nun an waren alle Deutschen Nazis und Feinde. Gleich nach der Requirierung der Ziegelei und der Errichtung von Stacheldrahtzäunen trafen die ersten Internierten ein. Es waren überwiegend die in den Süden geflohenen deutschen, österreichischen und tschechischen Exilanten, die meisten Juden. Capitaine Garuchon wurde der Lagerkommandant. Da der Krieg noch nicht richtig losging, fand man ihre Unterbringung und Verpflegung wohl zu teuer und ließ sie Ende September wieder frei.

Am 10. Mai endete die Ungewissheit und das Warten der Franzosen, die Deutschen griffen an. Wenige Wochen später hieß, was nun kam, *La Débacle*. Für die Deutschen Emigranten fing nun erst recht ein großes Debakel an: Sie wurden wieder interniert, aber diesmal bestand eine weitere Gefahr. Im Artikel 19 des Waffenstillstandsabkommens wurde die Auslieferungspflicht geflohener Deutscher festgelegt.

Die Internierten aus Sanary und Umgebung wurden zunächst in Sammellagern in Toulon oder Marseille zusammengefasst und dann nach Les Milles gebracht. Ende Mai trafen die Männer in der Ziegelei ein, Lion Feuchtwanger berichtet, dass sie am ersten Morgen etwa 700 waren. Aber diesmal waren auch die Frauen betroffen, Anfang Juni wurden sie in Hyères zusammengetrieben und dann in das riesige, berüchtigte Lager Gurs am Pyrenäenrand gebracht. Bei den Männern wurde die Altersgrenze auf 65 Jahre angehoben.

In Les Milles wurden die Männer in drei Gruppen geteilt: Deutsche, Österreicher und Fremdenlegionäre. Dass man sie als mögliche Spione sah, war ihnen mit Mühen nachvollziehbar, wenn auch nicht ganz verständlich, selbst den Wachhabenden schien es absurd. Diese beteuerten, es gehe nur um eine Siebung, die dann aber nie stattfand. Was den Internierten mehr zusetzte, war die entwürdigende Behandlung. Sie wurden in grenzenlosem Staub auf dem nackten Boden zusammengepfercht, das Essen war unzureichend und die Hygiene menschenverachtend. Die Männer mussten die herumliegenden Ziegel aufnehmen und an einem Ort stapeln, um dieses Werk am anderen Tag wieder zu zerstören und anderswo aufzubauen.

Die Fremdenlegionäre hatten in verschiedenen Kriegen für Frankreich gekämpft, hatten Ehrungen erhalten, viele sprachen kaum noch Deutsch. Es waren viele Saarländer da, die bei der Abstimmung, wohin sie gehören wollten, für Frankreich gestimmt hatten und anschließend nach Frankreich fliehen mussten, jetzt waren sie „Feinde". Auch die deutschen und österreichischen Intellektuellen litten unter der Nicht-Achtung ihres Exilstatus und der Gefahr, in der sie schwebten.

Bis Ende Juni konnten viele Exilanten aus Sanary und Umgebung aus dem Lager fliehen. Der Lagerkommandant ließ 2010 Männer, die sich als besonders gefährdet auf einer Liste eingetragen hatten, mit einem Zug nach Bayonne fahren, von dort kamen sie allerdings wieder zurück und wurden in St. Nicolas bei Nîmes in ein neues Lager gesperrt, von wo sie nach und nach und unter großen Gefahren entkommen konnten. (siehe: Zwei Schicksale)

Les Milles kam mit der Besetzung der Nordzone durch die Deutschen im Juni 1940 in eine zweite Phase: Es wurden nun die Internierten aus den Lagern im Süd-Westen, darunter viele ehemalige Spanienkämpfer, hierher geschickt, außerdem kamen geflohene Juden aus Osteuropa. Im Juli 1940 war das Lager von 3560 Männern bevölkert. Aus dem Frühjahr 41 stammen die Relief-Malereien im Refektorium des Wachpersonals. Bei den Forschungen im Jahre 2004 wurden noch viele andere Zeichnungen, Malereien und Schriften an den Wänden gefunden. Die orthodoxen Juden bauten sich einen Altarraum, es gab einen Theatersaal, alles unter den Bedingungen von Staub und zerbröselnden Ziegeln.

Wie in allen Lagern organisierten sich die Menschen und suchten nach Aufgaben und Zerstreuungen, die ihnen das Überleben leichter machen sollten.

Bis Mitte 1942 waren fast alle, die ausreisen wollten (Ausreisewillige) aus Les Milles verschwunden. Nun setzte die dritte Periode ein: Les Milles wurde Durchgangslager für die Deportierten mit Endziel Auschwitz. Im Juli 1942 hatte Pierre Laval, Frankreichs Regierungschef, den Impuls, den Deutschen bei der Endlösung zu helfen: Er ordnete an, dass jetzt auch Kinder unter 16 Jahren deportiert werden sollten. Les Milles befand sich zu dieser Zeit noch im unbesetzten Frankreich! Die Ziegelei lag günstig neben den Gleisen, gegenüber einem kleinen Bahnhof. Im August und September wurden 2500 Juden (Frauen, Männer und Kinder) von diesem Bahnhof aus in Viehwaggons gesperrt und auf die lange Fahrt über Drancy im Norden Frankreichs nach Auschwitz gebracht.

Im Dezember verließen die letzten Internierten Les Milles. Die Deutschen, die nun den Süden besetzt hatten, machten aus der Ziegelei ein Waffendepot.

Ab 1946 wurde die Ziegelei wieder in Betrieb genommen. Bis in die 1980er Jahre wurde die Erinnerung an das, was hier geschehen war, vergessen und verdrängt. Als 1983 das alte Ziegeleigebäude abgerissen werden sollte, taten sich die jüdische Gemeinde und verschiedene lokale Vereine der Deportierten und der Résistance zusammen und erreichten, dass die Politik sich der Sache annahm. 1985 wurde das kleine Gebäude am Eingang erworben, das ehemalige Refektorium, in dem sich die Gemälde befinden, und als Museum eingerichtet. 1990 wurde der Weg neben den Schienen *Chemin des Déportés* (Weg der Deportierten) genannt. 1992 spendierte die französische Eisenbahngesellschaft SNCF einen alten Viehwaggon, und eine Erinnerungsstätte wurde gegenüber dem Bahnhof eingerichtet. Eine Grundschule in Les Milles erhielt den Namen Auguste Boyer. Es war ein Einheimischer, der Juden geholfen hatte, unter dem Zaun hindurch zu fliehen, und der sie bei sich versteckte. Er wurde als *Juste parmi les Nations* (Gerechter zwischen den Nationen) geehrt. Im Jahre 2001 gab die Gesellschaft der Ziegelei das seit 10 Jahren nicht mehr genutzte Gebäude frei und stimmte dem Projekt eines Museums auf dem gesamten Gelände zu. 2011 sollte es eingeweiht werden, was bisher noch nicht geschah. Es soll ein in Frankreich einmaliges Erinnerungszentrum an die Internierungslager und die Deportation werden.

Zwei Schicksale

1. Walter Hasenclever

Er wurde 1890 in Aachen geboren und wuchs unter grausamen Bedingungen auf. Zu seiner Mutter, die ihn hasste, hatte er keinen Kontakt, und der Vater war ein autoritärer Schläger. Er zwang Walter, Jura zu studieren, aber der schrieb schon Gedichte und las heimlich die große Literatur, die der Vater ihm verboten hatte. Noch als Student wurde er von ihm drangsaliert, bis es Walter gelang, sich von ihm loszusagen. Unterstützt wurde er bis an sein Lebensende von seinem Freund Kurt Pinthus aus Leipzig, durch den er auch in die Gemeinschaft der expressionistischen Schriftsteller um Franz Pfempferts Zeitschrift „Aktion" und den von Kurt Wolff geführten Rowohlt-Verlag geriet. In der Zeit vor und während des ersten Weltkriegs ging er in seinen Theaterstücken und Gedichten mit der aufrührerischen Jugend. Mit „Der Sohn" gelang ihm ein erster Erfolg. Den ersten Weltkrieg, an dem er zunächst teilnehmen wollte, verließ er 1917 als Kriegsgegner. Ein kluger Arzt probte mit ihm die Rolle des Vatermörders aus seinem Stück „Der Sohn", die er der Wehrmacht glaubhaft vorspielte, so dass sie ihn für verrückt erklärten. Nun folgte sein Anti-Kriegs-Stück „Antigone", mit dem er den Kleist-Preis gewann. Doch während er als politischer Dichter gefeiert wurde und die Revolution von der Bühne auf die Straße kam, wandte er sich von der Politik ab und tauchte ein in Religion und Mystizismus. Er beschäftigte sich mit dem schwedischen Mystiker Emanuel Swedenborg, mit Astrologie, Okkultismus und Buddhismus.

Kurt Pinthus sah diese Entwicklung und verschrieb ihm eine „Kur": Er verschaffte ihm eine Anstellung als Korrespondent des „8-Uhr-Abendblatts" nach Paris, die Hasenclever 1924 antrat. Er bekam ein regelmäßiges Honorar und hatte die Freiheit, über alles zu schreiben, wozu er Lust hatte. Dieser angenehmen Verpflichtung ging er vier Jahre lang nach. Er traf auf viele alte Freunde, die in Paris lebten, wie Ernst Toller, Rudolf Leonhard und Kurt Tucholsky. Von der Leichtigkeit und Heiterkeit des französischen Wesens und seiner Literatur angesteckt, fand er ins Leben zurück und begann, Komödien zu schreiben. Natürlich hatten sie einen sozialkritischen Aspekt. Die bekanntesten sind „Ein besserer Herr" und „Ehen werden im Himmel geschlossen", letztere brachte ihm eine Strafanzeige wegen Gotteslästerung ein.

Hasenclever, der nach den Jahren in Paris viel hin- und herreiste, auch mit Tucholsky ein gemeinsames Stück schrieb, kehrte immer wieder an die französische Riviera zurück, wo er 1934 Edith Schäfer in Nizza kennen lernte. Hasenclevers Liebesverhältnisse waren meist nur von kurzer Dauer gewesen. Edith blieb und brachte ihn ein wenig zur Ruhe. Bei Hitlers Machtübernahme war er in Marokko und kehrte nicht mehr nach Deutschland zurück, seine Bücher wurden sofort verbrannt und verboten. Er lebte zeitweise in London, kehrte nach Nizza zurück und beschloss, in Italien leben zu wollen. Er kaufte ein Gut in der Nähe von Kurt Wolff in der Toskana und fühlte sich glücklich. Doch im April 1938 wurde er auf offener Straße verhaftet und eine Zeit eingesperrt, da Hitler Mussolini besuchte. Das Erlebnis beförderte seine Ängste, er verkaufte sein Gut, ging nach London, wo das Klima ihm nicht bekam, und kehrte nach Südfrankreich zurück. Er kaufte die Villa St. Hilaire in Cagnes-sur-Mer bei Nizza, wo er mit Edith lebte und sich sehr wohl fühlte, vielleicht seit langem eine Art Zuhause fand. Er schrieb einige politische Komödien, und auch wenn seine Mystik in seinen Texten durchscheint, schienen die frühe und die späte Linie seiner Arbeiten sich zu treffen. Die politische Komödie „Konflikt in Assyrien", eine scharfe Polemik gegen Hitler auf der Basis einer alttestamentarischen Geschichte, wurde in London nur einmal aufgeführt, obwohl sie begeisterte, aus Angst, Hitlers Zorn zu erregen.

Im September 1939 wurde Hasenclever mit vielen anderen in ein Lager in Antibes interniert, aufgrund seines Magenleidens bald wieder freigelassen, aber noch einmal im Oktober inhaftiert und Ende Oktober freigelassen.
Danach schrieb er den Roman „Die Rechtlosen", fast ein Bericht aus seiner Internierungserfahrung und dem Leben der Exilanten in Südfrankreich. Sein gespaltenes Verhältnis zu Frauen (Liebeswunsch und verächtliche Abwertung) wird hier besonders deutlich, aber auch die schnelle Anpassung der Entrechteten an ihre Umgebung und der Versuch, darin eine neue Gemeinschaft zu gründen. Sein Freund Pinthus und andere versuchten von Amerika aus, ihn zu einer Ausreise zu bewegen. Aber Hasenclever fühlte sich einerseits sehr wohl in seinem Haus und war andererseits von einer Angst besessen, die ihn bewegungsunfähig machte. Der Selbstmord seiner Freunde Tucholsky (1935) und Toller (1939), sowie der Tod Schickeles trugen zu seiner wachsenden Verzweiflung bei. Walter Hasenclever wurde im Mai 1940 ins Internierungslager nach Les Milles gebracht. Er fiel dort durch seine Liebenswürdigkeit und gleichzeitige Nervosität und Angst auf. Als der Zug nach Bayonne zusammengestellt wurde, bemühten sich Lion Feuchtwanger und andere darum, ihn zur Mitreise zu überreden. Aber Lion bemerkte nicht den Hilferuf, den er am letzten Abend aussandte. Mit einem Lagerarzt hatte er über seine Angst vor den Nazis und seine Todesfantasien sprechen können und ihm das Versprechen abverlangt, ihn nicht zu hindern. Er nahm am Abend eine Überdosis Veronal. Am 21. Juni fuhr der Zug, der die anderen in die Freiheit bringen sollte, ohne ihn ab. Er hatte eine andere Reise gewählt.

Seine Freundin Edith Schäfer war zu dieser Zeit im Lager von Gurs und erfuhr erst später von seinem Freitod. In seinem Nachlass befand sich ein autobiografischer Roman, „Irrtum und Leidenschaft".

2. Lion und Marta Feuchtwanger

Lions Vorfahren stammten aus Feuchtwangen, ein Großvater von Martas Mutter hieß Feuchtwang. Beide kamen aus begüterten jüdischen Familien und wuchsen in München auf. In beiden Familien wurde die Regeln des Judentums eingehalten, obwohl die Familien sich lange assimiliert hatten. Lion schämte sich als Kind, dass das Kindermädchen ihm am Sabbat die Schulbücher hinter-her trug, weil er sie nicht tragen durfte. Er war das Älteste von 9 Kindern. Sein Vater betrieb eine Margarinefabrik.

Martas Vater handelte mit Stoffen. Sie ging auf eine private Schule, dass sie viel las gefiel dem Vater nicht. Ihre beiden älteren Geschwister waren früh gestor-ben, und auch sie war anfällig für schwere Krankheiten. Dagegen setzte sie den Sport, und mit Erfolg.

Lion blieb klein und schmächtig, er wurde oft zum Gespött der Geschwister. Er interessierte sich für Literatur und Geschichte, nicht für die Margarinefabrik. Ebenso die beiden nächsten Söhne, so dass erst der vierte in die Fußstapfen des Vaters trat. Der Vater war enttäuscht von seinem Ältesten und hielt ihn für einen Nichtsnutz und Lump. Diese Meinung behielt er noch auf dem Sterbebett bei, als Lion schon ein gefeierter Autor war.

Lion hatte einen starken Ehrgeiz, der sich aber zuerst auf die Eroberung von Frauen und aufs Glücksspiel bezog. Er studierte Literaturgeschichte und begann, Theaterkritiken zu schreiben. Marta und Lion lernten sich 1910 kennen, 1911 hatten sie den Plan einer Italienreise, aber Lion verspielte alles Geld. Als Marta Anfang 1912 schwanger wurde, heirateten sie. Sie fuhren im Sommer in die Schweiz zum Wandern, doch Marta überanstrengte sich und musste in die Klinik. Sie bekam im September in Lausanne ein Mädchen, wurde mit hohem Fieber krank, wollte aber trotzdem stillen. Als es ihr besser ging, fuhren sie an die italienische Riviera nach Pietra Ligure, dort starb das Kind. Dieses Erlebnis begleitete die beiden ihr ganzes Leben lang, es wurde nie darüber gesprochen. Vielleicht, weil sie damit nicht anders fertig werden konnten, machten sie nun keine Pläne: Sie reisten, lebten von der Hand in den Mund, entdeckten zusammen Italien, die Altertümer, die Geschichte, die einfachen Menschen auf dem Land. Sie gingen viel zu Fuß, da sie kein Geld hatten, ab und zu erhielt Lion ein Honorar für eine Theaterbesprechung oder einen Reisebericht. Sie fuhren bis nach Sizilien und dann nach Tunesien. Da holte sie das Weltgeschehen ein: Der erste Weltkrieg war ausgebrochen, Lion wurde als feindlicher Ausländer eingesperrt, Marta schaffte es, ihn frei zu bekommen, und sie fuhren zurück nach München.

Ihre Heirat änderte nichts an ihren Grundsätzen, eine freie Beziehung zu führen, das heißt, jeder sollte ein freier Mensch bleiben. Lion hatte immer Nebenbeziehungen, von Marta wissen wir es nicht. Sie entschied sich, Lion zur Seite zu stehen, tippte seine Manuskripte, solange er sich noch keine Sekretärin leisten konnte, und organisierte das Leben. Sie war nicht seine Muse, sondern seine Kritikerin. Sie achtete auch darauf, dass er ein gesundes Leben führte.

Ihre beiden Wohnorte, erst München, dann Berlin, wurden Anziehungspunkt der kritischen Intelligenz. Die bedeutsamste Freundschaft war die zu Bertold Brecht. Lion entwickelte sich zu einem politischen Schriftsteller. Die Revolution in München nach dem ersten Weltkrieg, die heraufziehende braune Gefahr, aber auch geschichtliche Stoffe gingen in seine Werke ein. Jud Süß und Die häßliche Herzogin kamen gut an, mit Erfolg begann er die Wartesaal-Trilogie, Die Geschwister Oppermann kamen noch 33 in Deutschland heraus, das dritte Buch schrieb er im Exil: Exil. Vorher hatte er mit der Josephus-Trilogie angefangen, Anfang der Dreißiger erschien Der jüdische Krieg, die beiden weiteren, Die Söhne und Der Tag wird kommen, wurden im Exil und das letzte unter besonders schwierigen Bedingungen geschrieben.

Lion musste sich am 14. September 1939 an der Sammelstelle in Toulon melden, am 23. wurden sie ins Internierungslager in Les Milles gebracht. Anfang Oktober war er wieder frei. Es war ein Vorgeschmack, ein Warnzeichen. Sie erwogen die Ausreise in die USA, aber Lion wollte noch bleiben, er wollte das schöne Haus, den Garten, die Bibliothek, seinen Schreibtisch nicht verlassen. Seit Längerem wurden sie ständig von der französischen Polizei vorgeladen, befragt und mit den absurdesten Anschuldigungen konfrontiert. Es war kein einfaches Leben mehr in Sanary. Am 21. Mai 1940 kam die zweite Internierung. Lion hat uns in seinem Buch Der Teufel in Frankreich einen genauen Eindruck des Lagerlebens in Les Milles hinterlassen. Sie fuhren zu viert im Taxi nach Les Milles, Anton Räderscheid mit seinem Sohn, Alfred Kantorowitz und er. Lion war fast 56 Jahre alt. Er war ohne Marta den kleinen Alltäglichkeiten gegenüber hilflos. Wohin mit der Brille im Stroh und Staub in der Nacht, wie konnte man aus einer Schüssel essen und Kaffee trinken, wie fand man nachts den Weg zu den Latrinen? Lions Hilflosigkeit zog diejenigen an, die gern halfen und sich etwas verdienen wollten. Bald gab es viele, die sich mit Schwarzmarktgeschäften, der Öffnung eines „Kaffeehauses" oder eines „Friseursalons" Geld verdienten. Jede Abwechslung wurde gierig aufgenommen. Lion lernte Menschen kennen, denen er sonst nie begegnet wäre, und studierte sie. Zum Lesen taugten die Lampen nicht, und tags war es zu laut. Die Wachen und der Kommandant benahmen sich anständig, es gab keine Gewalt, aber Lion beklagte die Erniedrigungen durch Schmutz, wenig Wasser, verdreckte Latrinen, keinerlei Intimsphäre.
Inzwischen waren auch Marta, Lola Sernau und Ilse Sahlberg interniert worden, sie wurden in das furchtbare Massenlager Gurs gebracht. Lisa Fittko nannte sie etwas verächtlich „die Riviera-Frauen", aber Marta wusste, was zu tun war, um zu überleben: den anderen helfen.

Mit dem Vorrücken der Deutschen wurde die Situation in Les Milles unerträglich: Es gab Bombardements, da sich in unmittelbarer Nähe ein Flughafen befand. Die Männer, die zuvor Luftschutzgräben hatten schaufeln müssen, wurden nun im Gebäude eingesperrt. Es kamen jeden Tag neue Transporte aus den Lagern Nordfrankreichs, aber auch aus Belgien, den Niederlanden, Luxemburg. Bislang war nur der erste Stock belegt, jetzt wurden die oberen

Stockwerke benutzt, die Fußbodenlatten ließen Spalte frei, und nachts fiel nicht nur Staub auf die darunter Schlafenden. Die Nervosität der „alten" Insassen stieg, jeder fragte sich: Was geschieht, wenn die Nazis bis in den Süden vorrücken? Petitionen wurden geschrieben, Delegationen gewählt. Lion, dessen Name dem Kommandanten bekannt war, musste mit den Offizieren verhandeln. Schließlich wurde ihnen ein Zug versprochen, und sie sollten Listen anfertigen, wer wirklich gefährdet wäre. Am 22. Juni endlich fuhr der Zug mit 2010 glücklichen Männern davon.
Die Fahrt ging langsam, die Waggons waren überfüllt, alle mussten stehen. Der Zug fuhr mehrere Tage, an den Pyrenäen entlang bis zum westlichsten Hafen, Bayonne. Auf den Straßen herrschte Chaos, alles war mit Flüchtlingen voll. Der Zug stand lange im Bahnhof, dann fuhr er wieder zurück. Es hieß, die Deutschen würden in 2 Stunden in Bayonne sein. Die Panik, Angst und Enttäuschung war immens. Viele flohen unterwegs. Sie fuhren die ganze Strecke zurück, bis sie schließlich erfuhren, dass die Deutschen nicht gekommen waren. Alles war nur ein Missverständnis. Der Zugführer hatte telefonisch angekündigt:
Ich komme mit einem Zug voller Boche (Schimpfwort für Deutsche) in zwei Stunden in Bayonne an, habt ihr was zu essen für uns?
Der Zug war vor sich selbst geflohen.
Viele suchten allein das Weite und wurden wieder aufgegriffen. Endlich bekamen sie eine neue Bleibe: St. Nicolas bei Nîmes. Es war ein verlassener Hof, Stacheldraht wurde gezogen, Zelte aufgestellt. Aber die Sitten waren lockerer, Frankreich war aus den Fugen geraten. Sie konnten nach Nîmes gehen, dort eine Nacht in einem Hotelbett verbringen, oder im Gardon baden.
Inzwischen war Marta, Mitte Juli, aus dem Lager Gurs geflohen, irrte zu Fuß durch die Landschaft, hörte unterwegs, wo ihr Mann sich befand. Als sie am Zaun in St. Nicolas stand, erschrak sie über Lions Zustand, er hatte eine Durchfallerkrankung. Aber auch sie war abgemagert, und ihr Haar war ergraut. Marta hatte keine Essensmarken, sie hungerte. Schließlich brachte sie den amerikanischen Vizekonsul Standish in Marseille dazu, Lion zu helfen. Er fuhr mit seiner Frau zu der Zeit nach St. Nicolas, wenn die Männer immer im Gardon badeten. Marta hatte ihnen einen Zettel mitgegeben für Lion: Frag nicht, steig ein. So wurde er, als Schwiegermutter verkleidet, durch die Kontrollen, die es überall gab, geschleust und in der Villa eines Mitarbeiters des Konsulats versteckt. Marta fuhr noch einmal nach Sanary. Lion schrieb weiter an seinem Roman, Lola hatte das Manuskript gebracht.
Über Varian Fry gelang es, Papiere und Tickets nach Übersee zu erhalten. Sie mussten allein über die Pyrenäen gehen, oben trennten Lion und Marta sich, Lion reiste unter falschem Namen. Martha hatte mehr zu befürchten, aber die spanischen Wachposten interessierten sich nur für die Zigaretten, die sie dabei hatte. Unten in Portbou fand Martha Lion nicht am verabredeten Treffpunkt, sie suchte die Restaurants ab. Da saß er und aß. Ich wusste, dass du mich hier findest, sagte er. Setz dich und iss.

Besichtigung: Fresken und ein Viehwaggon

Anfahrt: Von Aix-en Provence auf der D 9 Richtung Les Milles/ Calas/ Marignane, Abfahrt Les Milles, auf der Avenue Albert Couton immer geradeaus in die Avenue Roger Chadon, geradeaus auf den Chemin de la Badesse, der an der Ziegelei vorbeiführt.
Von Cavaillon auf der A 7, Ausfahrt Kreuz Marseille/Aix, auf der D 10 Richtung Aix, dann rechts ab auf der D 543 Richtung Calas (aus Eguilles kommend gleich auf der D 543 Richtung Calas). Hinter St. Pons links auf die D 65, an den Gleisen links Richtung Les Milles, Chemin de la Valette, geradeaus Rue du Souvenir Français, an der Kreuzung sieht man schon schräg links das große Ziegeleigebäude und fährt links in den Chemin de la Badesse bis zu einem Parkplatz auf der linken Seite.

Fresken / Museum
Solange das große Museum noch nicht fertig ist, gibt es das kleine (an der Straße das niedrige, langgestreckte Gebäude) mit den Öffnungszeiten Mo – Fr 9 – 12, 12.45 – 17 Uhr. Besser vorher anrufen und ankündigen, dass man kommt, es ist möglich, dass sonst keiner da ist. Eintritt (bislang) umsonst.
Es handelt sich um das Refektorium (Ess-Saal) der Wachsoldaten. Im ersten Raum wird auf Fototafeln über das Lagerleben informiert, über andere Internierungslager und die historische Situation.
Im eigentlichen Ess-Saal sind an den Wänden die (restaurierten) Fresken zu sehen, die von den Lagerinsassen gemalt wurden, auf Wunsch der Wachsoldaten. Zu den Künstlern, die in Les Milles einsaßen gehören:
Hans Bellmer (1902-1975), in Berlin zum Dadaismus gehörig, seit seinem 22. Lebensjahr immer wieder in Paris lebend, 39 im Midi gefasst und in Les Milles interniert, konnte er ab 41 bis 44 in Castres und Toulouse überleben und blieb anschließend in Paris.
Karl Bodek (1905 – 1942) Er war unter den Deportierten von Les Milles nach Auschwitz
Max Ernst (1891-1976) Maler des Dadaismus und Surrealismus, lebte seit 1922 in Paris und zog in der 30er Jahren mit seiner jungen Freundin, der Malerin Leonora Carrington, in die Ardèche. Zwei Mal interniert in Les Milles, Mitinsasse des Zuges nach Bayonne, dann im Lager St. Nicolas, konnte er sich mit Hilfe von Varian Fy und Peggy Guggenheim in die USA retten. Später kehrte er immer wieder in die Provence zurück.
Robert Liebknecht (1903-1994) Enkel von Wilhelm und Sohn von Karl Liebknecht, der zusammen mit Rosa Luxemburg 1919 ermordet wurde. Robert studierte Kunst in Dresden und zeichnete und malte in Berlin vor allem Straßenszenen. 1933 floh er nach Paris, wurde 1939 in Les Milles eingesperrt und versteckte sich bis 43 im Departement Gard, von wo ihm die Flucht in die Schweiz gelang. Nach dem Krieg wurde er französischer Staatsbürger und lebte in Paris.

Ferdinand Springer (1907-1998) Geboren in Berlin, seine Lehrzeit verbrachte er in Mailand, wo er die Lithografie erlernte, und Paris, siedelte 1938 nach Grasse in die Provence. Er wurde 1939 erst in Antibes, dann in Les Milles interniert, kehrte 40 nach Grasse zurück und floh 1942 in die Schweiz. Seit 1945 lebte er in Grasse und wandte sich der lyrischen Abstraktion zu.

Alfred Otto Wolfgang Schulze (Wols) (1913-1951) Aus Berlin stammend, lernte er die Surrealisten in Paris kennen, arbeitete als Photograph und Maler. Seit September 1939 in verschiedenen Lagern und Les Milles interniert, half ihm seine Heirat, 1940 frei zu kommen, sie lebten in Cassis und erhielten nicht rechtzeitig ihre Ausreisepapiere, versteckten sich ab 42 mit Unterstützung des Bürgermeisters in Dieulefit. Nach dem Krieg ließ er sich in Paris nieder. Während er seine Alkoholsucht kurierte, starb er an einer Lebensmittelvergiftung.

Die Reliefmalerei an den vier Wänden ist mit Ockerfarben gemacht, es handelt sich um eine Gemeinschaftsarbeit aus dem Frühjahr 1941, die einzelnen Künstler konnten im nachhinein nicht identifiziert werden.
Wir wenden uns im Uhrzeigersinn zuerst zur linken Wand.

Frise des prestataires Das Relief der Dienstleistenden
Links, in die Mitte laufend, tragen eine Reihe blau gekleideter Männer eine Riesenwurst, ein Weinfass, von dem sie überrollt werden, eine Artischocke. Rechts, ebenfalls in die Mitte laufend, ein Mann mit Messer und Gabeln, einige tragen eine riesige Weintraube, andere rollen ein großes Käse-Rad, die letzten transportierten eine überdimensionierte Rübe. Es ist wahrscheinlich, dass hier Schablonen benutzt wurden, eine Maltechnik aus dem russischen Konstruktivismus.

Einige der Internierten von Les Milles wurden als *Prestataires* eingesetzt, zum Beispiel in Forcalquier, und mussten dort Erd- oder Bauarbeiten ausführen.

Front gegenüber: *Le banquet des Nations,* Das Bankett der Nationen

Es sitzen hier, wie bei Leonardo da Vincis Abendmahl, an einem langen Tisch verschiedene Nationalitäten zusammen, die bewusst klischeehaft aussehen und typische Speisen vertilgen: In der Mitte ein Europäer im Kostüm Heinrich des VIII verspeist einen Hühnerschenkel, links von ihm ein grinsender Chinese mit Stäbchen, ein Italiener isst Spaghetti, ein Schwarzer kaut an einem Knochen, rechts von dem Europäer isst ein Eskimo rohen Fisch, ein Cowboy trinkt aus einer Büchse und raucht, ein Fakir spuckt Feuer.

Der Mann, der gottähnlich über dem Bankett schwebt, wurde erst 1994 bei der Restaurierung wieder hervorgeholt, da er übermalt war. Er ist wie ein feiner Herr gekleidet, es könnte der Lagerkommandant oder der Polizei-Intendant von Marseille sein.

Die rechte Mauer trägt die Überschrift: „Falls Ihre Teller nicht gut gefüllt sind, kann unsere Zeichnung Ihren Appetit vielleicht beruhigen"

Links: *Poissons et jambon,* Fische und Schinken

Die Sardinen entsteigen ihrer Dose, der König der Sardinen, der aussieht wie ein Delphin vom Delphinbrunnen in Aix, vergibt die Schiffstickets für das Schinken-Schiff, das an die fernen Ufer fährt, wo zwei Schwarze eine Ananas essen, ein dritter protestiert.

Die Figuren in der Mitte sind schlecht zu deuten, da das Bild nach dem Krieg durch Einbau einer Tür zerstört wurde.

Rechts: Le cortège, Der Hochzeitszug
Am Eingang von „1000 1000" (Les Milles = die Tausende) schläft ein Wachsoldat auf einem Weinblatt. Der Zug besteht aus einem Gartenzwerg auf zwei Schnecken und verschiedenen Gemüse-Menschen, sie sind in Wolken gehüllt. Die Insassen vom Lager konnten frei gelassen werden, wenn sie heirateten.

Eingangsseite: Moissons et vendanges, Weizenernte und Weinernte
Links ein Bild von Erntearbeitern auf einem Weizenfeld. In der Mitte steht: „Helfen Sie mir, indem sie mir die Hand reichen!" Es handelt sich um einen Pétain-Spruch, wahrscheinlich hat sein Portrait auf der freien Fläche darüber gehangen. Rechts in gleicher Weise gemalt, Arbeiter und Arbeiterinnen, die Weintrauben geerntet haben und zu Wein verarbeiten. Alle sehen nicht besonders glücklich aus.

Viehwaggon/ Gedenkstätte
Aus dem Museum getreten, schräg links gegenüber geht eine schmale Straße neben den Gleisen, der *Chemin des Deportés,* zu der Gedenkstätte. Der Bahn-hof befindet sich gegenüber. In der Gedenkstätte sind Tafeln angebracht mit Aussagen von Zeitzeugen, die über den Abtransport der jüdischen Familien berichten.

Der Viehwaggon entspricht etwa denen, die damals für die Deportation verwendet wurden, aber auch in denen die 2010 Männer von Les Milles nach Bayonne und zurück nach Nîmes gebracht wurden. Die französische Bahngesellschaft SNCF wollte mit der Spende ein Zeichen der Wiedergutmachung geben.

6. Marseille

Ein Hafen für Gestrandete

Bevor die Griechen im 6. Jahrhundert vor unserer Zeitrechnung die Mittelmeerküste erkundeten und Handelsniederlassungen gründeten, lebten an der heutigen Provence-Küste die Kelto-Ligurer, also zwei sehr verschiedene Völker. Die Kelten waren aus dem Norden gekommen, die Ligurer aus Italien-Ligurien. Sie vermischten sich und hinterließen erste Steinstädte, die sogenannten Oppida. Von daher lässt sich nicht sagen, Marseille sei von den Griechen gegründet. Denn als sie im Jahre 594 die Küste nach einem geeigneten Platz absuchten, gerieten sie in eine Feier des kelto-ligurischen Königs Nann für seine Tochter Gyptis, die sich einen Mann aussuchen sollte. Es existierte also schon eine Stadt. Diese Griechen waren allerdings Phokäer, sie stammten aus Kleinasien, der heutigen Türkei. Gyptis entschied sich der Sage nach für Protis, den Anführer der Phokäer, und da die Frauen bei den Kelten mehr Rechte hatten als bei den Griechen und den Römern, vermählte der Vater sie und gab die Erlaubnis, eine griechische Stadt zu erbauen, Massalia.
Auch die wirklichen Griechen waren in ihren Auskundschaftungen der Meere nicht an der Ausweitung ihres Imperiums interessiert, sondern am Handel. Sie unterwarfen die Völker nicht und ließen ihnen ihre Kultur. Gleichwohl brachten sie ihre eigene mit und bereicherten damit das Bestehende.
Als 1967 hinter der Börse ein Einkaufszentrum gebaut werden sollte, fanden die Bauarbeiter Ruinen aus griechischer und römischer Zeit, und das Gelände wurde zunächst den Archäologen überlassen. 1974 wurde das Gerippe eines griechischen Schiffes aus dem 6. Jahrhundert vor Christus entdeckt. Das Meer reichte damals noch bis hierher. An dieser Stelle befindet sich seit 1983 das Historische Museum von Marseille (unter dem Einkaufszentrum), in dem unter

anderem dieses Schiff und eine Miniatur der damaligen griechischen Stadt zu sehen sind. Sie lag auf dem Hügel nördlich des Alten Hafens, auf dem heute das Panier-Viertel steht. Die Akropolis hatte zwei Tempel auf dem heutigen Mühlenplatz. Weitere Handelsflecken wurden gegründet, wie Hyères, Antibes und Nizza. Keramikwaren, Olivenöl und Wein brachten die Griechen mit.
Im 2. Jahrhundert vor Christus ging Massalia eine Allianz mit den Römern ein, um sich gegen die Angriffe der Piraten zu wehren. Als sie aber im Jahre 49 vor Christus Domitius unterstützten, den Gegenspieler Cäsars, wurden sie von diesem besiegt. Da die Stadt sich ergab, wurde ihnen relative Freiheit gewährt, aber Massalia wurde römisch: Massilia.
Im 4. Jahrhundert, als Kaiser Constantin das Christentum erlaubte, wurde Marseille zum Bischofssitz.
Vielleicht durch ihre Lage, von Felsen abgeschirmt gegen das Festland und offen zum Meer, liebten die Marseiller die Unabhängigkeit. Im 8. Jahrhundert verbanden sie sich deshalb mit den vorrückenden Sarazenen gegen die Franken. Karl Martell hat sie das büßen lassen. Doch die Araber griffen noch häufiger vom Meer aus an. Nachdem diese im 10. Jahrhundert aus der Provence vertrieben waren, revoltierten die Marseiller 1229 gegen den Bischof, da ihnen die Abgaben zu hoch waren und die Rechte und Privilegien der Kirchenleute das Volk knechteten. Die Kaufleute nahmen sich die Macht, es entstand die Republik Marseille, von Konsuln regiert. Das währte nicht lange, Charles d'Anjou, der Graf der Provence, etablierte 1262 seine Macht wieder, da er den Hafen brauchte. Er baute das Arsenal und fuhr von hier zum Kampf gegen Sizilien.
1348 wütete die schwarze Pest. Von den 25 000 Einwohnern erlag die Hälfte der Krankheit. Als die Stadt 1423 von Alphonse von Aragon überfallen wurde, gab es nur noch vier- bis fünftausend Einwohner. Doch diese behielten den Mut, bauten die Stadt erneut auf, und 1480 lebten schon wieder 10 000 Menschen hier. 1481 fiel sie unter Louis XI an die französische Krone. Francois I baute 1524 die Festung *Château d'If* auf der Insel. Marseille blieb Kriegshafen, das Arsenal wurde erweitert. Der Handel mit dem Orient blühte und Marseille entwickelte seine eigene Industrie: Zucker, Stoffe und Seife.
Gegen die Angriffe der Spanier erhielt Marseille das Fort St. Jean auf der Nordseite des Hafens. Das gegenüberliegende Fort Saint Nicolas ließ Louis XIV 1660 bauen, es heißt, es sei eher nach innen als gegen Angreifer von außen gerichtet. Der verstärkte Kirchenbau im 17. Jahrhundert zeigt die Macht der Gegen-Reformation. Ende des 17. Jahrhunderts, nach dem Einreißen der Stadtmauer, vergrößerte die Stadt sich, unter dem Minister Colbert wurden breite Straßen angelegt, die Rue Canebière und die Rue Belsunce mit ihren Fontainen, das *Hôtel de Ville* entstand, ebenso wie die *Vieille Charité* von dem Bildhauer Pierre Puget entworfen, ein Armenasyl.
1720 brachte ein Schiff noch einmal die Pest. Es gab 40 000 Tote. 1748 wurden die französischen Galeeren des Königs nach Toulon verlegt, das Arsenal zerstört. Zunächst ein Verlust, aber dann auch ein Gewinn. Marseille wurde eine moderne Stadt, es zog Reisende hierher. Die Stadt wuchs zum zweitgrößten Kolo-

nialhafen Frankreichs, nach Bordeaux. Der Kaffeehandel florierte, die von den Sarazenen inspirierten Faïence-Kacheln wurden in großem Stil hergestellt.

Vor der Revolution hatte die Stadt 120 000 Einwohner. 1789, durch die Anhebung des Weizenpreises, erhob sich das Volk, 1790 erstürmte es das Gefängnis Château d'If und befreite die Gefangenen, 1792 marschierte es nach Paris, ein Lied auf den Lippen. Es war in Straßburg gedich-tet worden von Rouget de Lisle, ein Freiheitslied. Am 14. Juli 1795 wurde es zur Nationalhymne erklärt: Die Marseillaise.

Nach der blutigen Revolution und ihren Folgen begann die Restauration der Stadt und des Hafens. Griechische Flüchtlinge aus dem Unabhängigkeitskrieg der Türken ließen sich in Marseille nieder. Ein weiterer Aufschwung erfolgt durch die Kolonisierung Algeriens 1830.

In der zweiten Hälfte des 19. Jahrhunderts wurde viel gebaut: der Bahnhof St. Charles, der neue Hafen La Joliette, die Kirche La Major und Notre Dame de la Garde auf dem Hügel, das Palais der Börse... Mit der Öffnung des Suez-Kanals 1869 wurde Marseille die Pforte zum Orient. Durch die fortschreitende Industrialisierung entstand eine neue Arbeiterklasse. Anfang des 20. Jahrhunderts strömten viele Immigranten nach Marseille: Italiener, Spanier, Nord-Afrikaner.

Neues Hafenviertel mit Altem Rathaus und Panierhügel im Hintergrund

Während des zweiten Weltkriegs eine Stadt der Flüchtlinge und der deutschen Zerstörungen (siehe nächstes Kapitel).

1962, am Ende des Algerischen Unabhängigkeitskrieges, kamen wieder Flüchtlinge: 450 000 *Pieds noirs*, Franzosen, die in Algerien gelebt hatte, kamen in Marseille an, ein Drittel von ihnen blieb.
Die Entwicklung der Stadt nach dem Krieg ist ein Ausdruck der Machtkämpfe von Politik, Mafia und Kapital. Um den Einfluss der Kommunisten nach dem Krieg zu stoppen, holte der CIA gezielt die Mafia und den Drogenhandel in die Stadt. Das Industriegebiet in Fos zerstörte einen Teil der Camargue. Der gigantische Wohnungsbau in den 70er und 80er Jahren folgte keiner Stadtplanung. Allerdings mussten inzwischen 890 000 Menschen untergebracht werden.
Nach einer unrühmlichen Ära der Sozialisten regierte ab 1995 der Chirac-Freund Gaudin und hatte die Idee für ein neues Marseille: *Euroméditerranée*. Ein neues Zentrum von Kommerz und Kultur soll in der Speicherstadt von Joliette entstehen, der erste Glasgigant ist schon weithin sichtbar. Eher leise verändern sich die Stadtviertel: Wo vorher Araber ihre Märkte abhielten, sind die Straßen „sauber", aber die Araber haben sich neue Stadtviertel erobert. Auf die Restaurierung ganzer Häuserblocks wie in der Rue de la République folgt die Umsiedlung der ärmeren Bevölkerungsschichten und der Einzug der Kommerzketten.

Marseille setzte sich aus 111 Dörfern zusammen, die in 16 Arrondissements geordnet wurden. Bislang findet man noch in jedem Viertel die Eigenarten, die spezifischen Läden, Gerüche, die unterschiedlichsten Kontinente: Vom Alten Hafen mit seinem morgendlichen Fischmarkt über das *Opéra*-Viertel mit seinen bourgeoisen Läden zum *Noailles*, wo um den Platz *des Capucins* die arabischen Läden ihre Waren auf der Straße ausstellen, mit ihren Kräutern und fremdländischen Gemüsen und in der *Rue d'Aubagne* den Gewürzläden, hinauf nach *Notre-Dame du Mont* und dem Platz *Cours Julien*, wo Sprüher, Punker, Musiker und Intellektuelle sich treffen, zurück zum *Belsunce-Viertel*, streng, ruhig, von Muslimen bewohnt, und hinauf zum *Panier*, dem Viertel der Fischer und kleinen Leute, das sich langsam mit Galerien und Künstlern füllt. Nicht zu vergessen, die *Corniche*, das Horn über dem Meer, auf dem leider nur noch wenige alte Villen überlebt haben, bis hin zu den *Calanques* ganz am östlichen Ende der Uferstraße, wo unprätentiöse Fischerdörfer wie *Les Goudes* sich mit schwer erreichbaren Puppenstuben – Örtchen wie *Callelongue* oder *Sormiou* abwechseln. Noch gibt es diese Vielfalt, die Marseille ausmacht. Wir hoffen, dass die Marseiller auch den nächsten großen Angriff auf ihre Eigenwilligkeit abzuwehren lernen: die Gleichschaltung durch den Kommerz.

„Auslieferung auf Verlangen"

Juni 1940: Der Paragraph 19 des Waffenstillstandsabkommens zwischen Hitler und dem neuen französischen Staatschef Pétain legte fest, dass alle Deutschen, die sich in Frankreich befanden, auf Verlangen der Deutschen Regierung auszuliefern seien. Damit war das Asylrecht aufgehoben, und die Exilanten, die sich im von den Deutschen nicht besetzten Süden befanden, mussten jederzeit damit rechnen, von der französischen Polizei verhaftet und deportiert zu werden. Wer jetzt noch keine Schiffstickets nach Übersee besaß, versuchte, sie zu besorgen. Es gab nur noch zwei Städte, in denen ausländischen Botschaften arbeiteten: Marseille und Nizza. Als Marta Feuchtwanger Lion aus dem Lager befreit hatte und sie beide nach Marseille kamen, gab es dort etwa 50 000 Menschen, die dasselbe wollten wie sie.

Die Bürokratie zeigte sich nun von ihrer abgrundtiefsten Seite. Nicht nur Frankreich, es waren auch Spanien und Portugal als Durchreiseländer und die Fluchtpunkte USA, Mexiko, Panama... und sogar Marokko an diesem Spiel beteiligt. Wenn man sich nach Marseille begeben wollte, brauchte man einen *sauf-conduit* (Reiseerlaubnis). Für den Aufenthalt in Marseille war eine Aufenthaltsgenehmigung notwendig, die stellte das Fremdenverkehrsamt im Rathaus aus, aber nur wenn man glaubhaft versichern konnte, dass man nicht bleiben wollte, und nur für jeweils 4 Wochen.

Das Einreisevisum beantragte man in der jeweiligen Botschaft. Die USA waren damals schon nicht erpicht darauf, Kommunisten aufzunehmen, deshalb bedurfte es zum Beispiel für Lion Feuchtwanger (der nicht in der Kommunistischen Partei war) mehrerer hochgestellter Persönlichkeiten, die sich für ihn einsetzten. Unbekanntere Menschen hatten es wesentlich schwerer. Das Einreisevisum war nur ½ Jahr gültig. Es war Voraussetzung für das Transitvisum für Spanien (Spanische Botschaft), und dieses war Voraussetzung für das Transitvisum für Portugal (Portugiesische Botschaft).

Es brauchte viel Zeit und Schlangestehen, bis das geschafft war, für manche Botschaften musste man sich am Abend vorher schon anstellen. Hatte man diese Papiere zusammen, wollte die französische Regierung eine Devisenausfuhrgenehmigung der Banque de France sehen, bevor sie die Ausreisegenehmigung erteilte. Dafür brauchte man aber Geld, und das hatten viele Exilanten nicht mehr. Ohne Geld in der Tasche wurde man aber nirgends reingelassen. Dafür musste man sich an Hilfsorganisationen wenden, unter anderem an das *Emergency Rescue Committee*, eine amerikanische Organisation, die in Marseille von Varian Fry vertreten wurde.

Nicht nur, dass es sehr viel Zeit brauchte, all diese Papiere zusammen zu bekommen, es liefen auch Genehmigungen ab, wodurch die darauf aufbauenden anderen Papiere wieder verfielen, und alles musste von vorne beantragt werde. In den Bestimmungen herrschte absolute Willkür, jeden Tag konnten offene Wege versperrt, neue Hindernisse gebaut, Visen ungültig erklärt werden.

Bei so viel Hilfsbedürftigkeit traten natürlich auch die Schwindler und Gauner auf den Plan. Es gab falsche Konsuln, die falsche Visa ausstellten, Schiffsgesellschaften, die Tickets verkauften, aber kein Schiff besaßen, Honorarkonsuln, die sich mit Salami bezahlen ließen.

Als Varian Fry im August 1940 im Hotel Splendide am Boulevard d'Athènes ankam, hatte er eine gewaltige und sehr gefährliche Aufgabe vor sich. Das *Emergency Rescue Committee* war in den USA von Menschen gegründet worden, denen es wichtig war, die deutschen Schriftsteller und Künstler, die in Südfrankreich von der Gestapo bedroht waren, zu retten. Varian Fry merkte schnell, dass er mit legalen Methoden wenig erreicht hätte, und versuchte, in dem Chaos, das in Marseille herrschte, zusammen mit seinen Mitarbeitern, Visen, Gelder, Papiere aufzutreiben und Wege über die Grenze nach Spanien zu finden, für diejenigen, die nicht die nötigen Papiere hatten.

Lisa und Hans Fittko, die der Krieg von Berlin über Prag nach Paris und von da in verschiedene Lager und schließlich nach Marseille gespült hatte, wollten eigentlich nur für sich selbst die nötigen Papiere zusammen bekommen. Da sie aber viele deutsche Exilanten kannten, die in großer Gefahr waren, und selber sehr unerschrockene Menschen, ergab es sich, dass sie begannen, den anderen zu helfen. Sie hörten von dem Bürgermeister Azéma in Banyuls an der spanischen Grenze, der bereit war, Flüchtlinge zu unterstützen, und einen Weg über die Pyrenäen wusste, und suchten ihn auf. Im September 1940 klopfte Walter Benjamin an Lisas Tür, er war der erste, den sie hinüber führte. Erst ein paar Tage später erreichte sie die Nachricht, dass er sich, aus Angst, die Spanier ließen ihn nicht durch, in Port-Bou umgebracht hatte.

Für Varian Fry waren Lisa und Hans Fittko die richtigen Mitarbeiter. Er brauchte sie, damit sie Menschen über die Pyrenäen nach Spanien führten. Sie stimmten zu, wollten ihre Arbeit aber aus politischer Überzeugung tun, nicht für Geld. Von Oktober 1940 bis März 1941 brachten sie sehr viele Menschen in frühmorgendlichen Wanderungen über die Grenze. Dann mussten sie Banyuls verlassen. In einer schwierigen Odyssee schafften sie es, Lisas Eltern aus Paris über die Demarkationslinie nach Cassis zu holen. Ende 1941 gelang Lisa und Hans die Flucht nach Kuba. Von ihren Eltern hörten sie über eine Suchanzeige nach der Befreiung 1944: Sie hatten, dank des Bürgermeisters von Cassis, die Besatzung der Deutschen überlebt und reisten später zu ihren Kindern in die USA. Ende August 1941 wurde Varian Fry aus Frankreich ausgewiesen. Das Zentrum arbeitete noch bis 1942 weiter.

Als die Deutschen Besatzer im November 1942 Marseille erreichten, begannen sie sogleich, „reinen Tisch" zu machen. Das alte Hafenviertel auf der Nordseite des Hafens erschien ihnen als Zentrum von Widerständlern, Juden und anderem Gesindel, und da es auch der Regierung Vichy recht war, erhielten sie von der Marseiller Administration und Polizei Unterstützung, es abzureißen. Im Januar 1943 wurden 20 000 Menschen evakuiert, 2000 von ihnen deportiert. Siebzehn Tage lang wurde Marseille von den Detonationen erschüttert. Nur das Rathaus und zwei andere historische Gebäude blieben erhalten. Im Mai 44 wurde Marseille von den Alliierten schwer bombardiert. Die Schwebefähre Pont Transbordeur, die seit Anfang des Jahrhunderts den Hafen überquerte und ein geliebtes Wahrzeichen der Marseiller war, wurde im August 1944, kurz vor der Befreiung, von den Deutschen gesprengt, um den Hafen zu verbarrikadieren.

Der Stadtverwaltung war es recht, da die Reparaturen ihnen zu teuer wurden.

Marché des Capucins

Porträt 3
Anna Seghers und Transit

Sie wurde als Netty Reiling im November 1900 in Mainz geboren. Die Eltern waren gläubige Juden, der Vater hatte ein Geschäft als Kunsthändler. Sie studierte Geschichte, Kunstgeschichte und Sinologie und promovierte zu dem Thema: „Jude und Judentum im Werk Rembrandts". 1925 heiratete sie den ungarischen Soziologen László Radványi, und sie zogen nach Berlin. 1926 wurde der Sohn Peter, 28 die Tochter Ruth geboren. Netty veröffentlichte ihre erste Erzählung unter dem Pseudonym Seghers, dem Namen eines von ihr verehrten niederländischen Malers. 1928 erschien ihr erster Roman, „Der Aufstand der Fischer von Santa Barbara", für den sie den Kleistpreis erhielt. Von nun an veröffentlichte sie unter dem Namen Anna Seghers. Sie trat der KPD bei und gründete den Bund proletarisch-revolutionärer Schriftsteller.
1933 wurde sie kurz verhaftet, ihre Bücher wurden verboten und verbrannt. Der Familie gelang die Flucht in die Schweiz, anschließend nach Paris. Anna und ihr Mann László waren im Exil politisch sehr aktiv. Sie arbeitete an verschiedenen Exilzeitschriften mit, darunter die Neuen Deutschen Blätter.
Beim Einmarsch der Deutschen in Paris 1940 wurde László, der sich nun Johann

Lorenz Schmidt nannte, ins Internierungslager Le Vernet gebracht. Anna gelang erst der zweite Versuch, mit den Kindern über die Demarkationslinie in den Süden zu fliehen. Sie kämpfte um die Freilassung ihres Mannes, stand Schlange für die nötigen Ausreisepapiere, musste sich um ihre 15- und 12-jährigen Kinder kümmern und schrieb an einem Roman: Transit. Der mexikanische Generalkonsul Gilberto Bosques half nicht nur ihr, sondern insgesamt 40.000 Flüchtlingen, denen er eine Einreiseerlaubnis nach Mexiko ausstellte. Die mexikanische Botschaft spielt in Anna Seghers Roman eine besondere Rolle. Im März 1941 reiste sie mit Mann und Kindern über Martinique, New York und Veracruz nach Mexiko. Dort erhielt ihr Mann die Möglichkeit, erst an der Arbeiter-Universität, dann an der Nationaluniversität zu arbeiten. Anna Seghers schrieb ihren Roman „Das siebte Kreuz", der 1942 veröffentlicht und mit dem sie berühmt wurde. Sie gründete den antifaschistischen Heinrich-Heine-Klub und organisierte mit Ludwig Renn die Bewegung „Freies Deutschland" und gab die gleichnamige Zeitschrift heraus.

Anna Seghers Vater war 1940 zwei Tage nach dem erzwungenen Verkauf seines Geschäftes gestorben. Anna gelang es nicht, ihrer Mutter eine Ausreise zu ermöglichen, sie wurde 1942 deportiert.

1944 erschien „Transit" auf englisch, 48 auf deutsch. 1945 kehrte der Sohn Peter als Erster nach Europa zurück und studierte in Paris, ab 46 auch die Tochter. Anna Seghers ging 1947 nach Westberlin und trat in die SED ein. Sie schrieb und veröffentlichte fast jedes Jahr einen Roman oder Erzählungen. 1948 „Wiedereinführung der Sklaverei in Guadeloupe" und „Die Toten bleiben jung", 1949 „Die Hochzeit von Haiti". 1950 entschied sie sich, in der DDR zu leben und zog nach Ost-Berlin. Sie war aktiv im Weltfriedensrat, gründete die Akademie der Künste mit, wurde Präsidentin des Schriftstellerverbandes der DDR, von 1952 bis 1978. 1952 kehrte ihr Mann aus Mexiko zurück.

Anna Seghers ging den Konflikt mit dem DDR-Regime nie wirklich ein. 1957 bei dem Prozess gegen Walter Janka, ihrem Verleger beim Aufbau Verlag, versuchte sie zwar zu intervenieren, sie stimmte 61 gegen den Ausschluss von Heiner Müller aus dem Schriftstellerverband, aber 1979 schwieg sie zu den Ausschlüssen von neun kritischen Kollegen.

Auch in ihrem Werk blieb sie linientreu. Immer wieder kehrte sie zu Themen aus Mittelamerika zurück („Das wirkliche Blau", „Drei Frauen aus Haiti"...)

Sie erhielt viele Preise in der DDR und starb 1983.

Transit

Anna Seghers wählte als Hauptfigur ihres Romans einen männlichen Ich-Erzähler. Er ist 27 Jahre alt und aus einem deutschen KZ entkommen, über den Rhein geschwommen und später in ein Arbeitslager in Rouen geraten. Er flieht mit einigen anderen, einer davon ist Paul, schlägt sich durch nach Paris. Dort stößt er wieder auf Paul, der ihn bittet, ihm eine Gefälligkeit abzunehmen: Er hat einen Brief für den Dichter Weidel, der in einem Hotel lebt. Der Erzähler geht

hin, aber Weidel hat sich umgebracht. *Die Wirtin drängt ihm einen Koffer auf,
den er hinterlassen hat.*
*Der Erzähler verlässt Paris und gelangt nach Marseille, weil er dort einen Vetter
hat. Er wollte schon immer nach Marseille und ist nun einer der wenigen, die
nicht ausreisen möchten.*
„Ich kam von oben her in die Bannmeile von Marseille. Bei einer Biegung des
Weges sah ich das Meer tief unten zwischen den Hügeln. Etwas später sah ich
die Stadt selbst gegen das Wasser. Sie erschien mir so kahl und weiß wie eine
afrikanische Stadt. Ich wurde endgültig ruhig... Ich glaubte beinahe, ich sei am
Ziel. In dieser Stadt, glaubte ich, müsste endlich alles zu finden sein, was ich
suchte, was ich immer gesucht hatte... Ich zottelte zwanzig Minuten später mit
dem Handkoffer über die Cannebière. Meistens ist man enttäuscht von Straßen,
von denen man viel gehört hat. Ich aber, ich war nicht enttäuscht. Ich lief mit der
Menge hinunter im Wind, der Licht und Schauer über uns trieb in rascher Folge...
Wie ich begriff, dass das, was blau leuchtete am Ende der Cannebière, bereits
das Meer war, der Alte Hafen, da spürte ich endlich wieder nach so viel Unsinn
und Elend das einzige wirkliche Glück, das jedem Menschen in jeder Sekunde
zugänglich ist: das Glück zu leben.... Hier also floss alles ab, in diese Rinne, die
Cannebière, und durch diese Rinne ins Meer, wo endlich für alle wieder Raum
war und Friede." *(aus: Anna Seghers, Transit, Luchterhand)*
*Er entdeckt in einem der Briefe an Weidel, dass der eine Schiffspassage nach
Mexiko besitzt, also versucht er, den Koffer in der mexikanischen Botschaft
loszuwerden. Die halten ihn aber für Weidel, (er besitzt einen Pass auf den
Namen Seidel), und so erhält er die Identität des Toten. Er geht zum Vetter Georg
Binnet und seiner Gelieben, Claudine, die einen Jungen hat. Diese Familie wird
eine Art zu Hause für ihn. Er empfindet viel für den Jungen. Dann entdeckt er
zwischen allen Ausreisewilligen in den Cafés die Frau, die jemanden sucht. Er
ist gleich von ihr angezogen. Der Junge wird krank, und der Erzähler holt einen
Arzt, mit dem er sich anfreundet. Auch der Arzt ist im Fieber des Ausreisen-
Wollens.*
*Die Frau erscheint immer wieder, und er folgt ihr, verliert sie. Einmal sitzt er
mit dem Arzt im Café, da kommt sie herein: Es ist die Freundin des Arztes. Sie
heißt Marie. Sie sucht ihren Mann, den Schriftsteller Weidel. Sie weiß, dass er in
Marseille gesehen wurde. Sie will nicht mit dem Arzt abfahren, bevor sie ihn nicht
wieder getroffen hat. Seidel verspricht ihr, sich um ihre Papiere zu kümmern.
Aber in Wirklichkeit möchte er arrangieren, dass der Arzt abfährt und sie mit
ihm bleibt. Der Tote Weidel folgt ihm wie ein Schatten. Er erkennt, dass Marie,
nur weil sie denkt, Weidel hat die gleiche Schiffspassage auf der Montreal wie
sie, unbedingt abfahren will. Aber er ist es, der das Ticket hat. Er gibt es zurück.
Er reist im letzten Moment nicht ab und lässt den Arzt mit Marie fahren. Der
Junge hatte immer befürchtet, dass alle abfahren, jetzt bleibt er. Dann am Ende
gibt es das Gerücht: „Die ‚Montreal' soll untergegangen sein zwischen Dakar und
Martinique."*
Wir empfehlen, den Roman vor dem Marseille-Rundgang zu lesen.

Literarischer Rundgang Marseille:
Zwischen Cafés und Konsulaten

Karte: Stadtplan von Marseille
Dauer: Möglichst früh ankommen und einen ganzen Tag einplanen.
Ausrüstung: Bequeme Schuhe, Roman *Transit* von Anna Seghers

Anfahrt Auf der A 7 nach Marseille, Richtung *Vieux Port*. Am Hafen wird wohl noch länger gebaut werden, auf jeden Fall immer *Vieux Port* folgen, bis man am Alten Hafen herauskommt, der rechterhand mit seinen Segelyachten liegt. Am Hafen entlang auf dem Quai du Port, dann rechts in den Quai des Belges, an dem der Fischmarkt stattfindet, und geradeaus in den Cours J. Ballard, hier ganz rechts halten, da es gleich hinter der Kreuzung rechts ab zum unterirdischen Parkhaus geht.

Rundgang

1) Vom Parkhaus hochgestiegen, befinden wir uns auf dem großen Platz Cours Honoré d'Estienne d'Orves, der früher einmal ein Hafenbecken war. Hier liegt das ehemalige Arsenal, es lohnt sich, einen Blick hinein zu we-fen. Wir nehmen eine der kleinen Querstraßen Richtung Hafen, die mit Restaurants angefüllt sind, gehen rechts am Rive Neuve entlang, überqueren ihn und können (vormittags) den Fischmarkt bewundern mit den kleinen Ständen der Fischer, die ihren Fang direkt verkaufen. Am Ende des Kais liegt auf der gegenüberliegenden Seite das *Café Samaritaine* an der Ecke *Rue de la Republique/ Quai du Port*, in das wir einkehren. (Kapitel 8.8 S. 149)

Im Roman spielen die Cafés der Stadt eine zentrale Rolle, hier brodeln die Gerüchte, hier verbringt man die Zeit mit Warten, wer nicht viel Geld hat, kann sich wenigstens einen Rosé leisten, aber es gibt alkoholfreie Tage. Am alten Hafen wird außerdem von der Pizzeria (Kap.6.8 S.112) gesprochen, die heute nicht mehr auszumachen ist. Seidel sitzt dort immer wieder mit Marie. Auch Anna Seghers traf sich hier mit Alfred Kantorowitz. Das Café Mont Vertoux (Anna Seghers veränderte einige Namen leicht, sicher hieß es Mont Ventoux) lag an der Ecke *Quai des Belges / Canebière*, wohin wir uns jetzt begeben. (Kap. 4.2 S. 58, Kap. 10.7 S.181)

2) Die Canebière war früher die prächtige Hauptstraße der Stadt, der Name kommt von Cannabis. Hier stellten die Seilmacher für die Schiffe Taue aus Hanf her. Wir gehen hoch bis zur Saint Ferréol, in die wir rechts einbiegen. Heute ist dies die Hauptflanier- und Einkaufsstraße. Sie unterscheidet sich wenig von vielen anderen schicken Einkaufsstraßen mit den bekannten Firmenketten in aller Welt. Am Ende ist schon die Präfektur zu sehen. Davor, am *Platz Félix Baret* Nr. 6, lag das Konsulat der USA. (Kap. 5.8 S.87, Kap. 8.1 S.132) Auf der *Präfektur* wurden die Visa de sortie ausgestellt (Ausreisevisa). (Kap. 3.5 S.42, Kap. 9.7 S.167/168). Heute heißt ein Teil des Platzes vor der Präfektur nach Varian Fry.

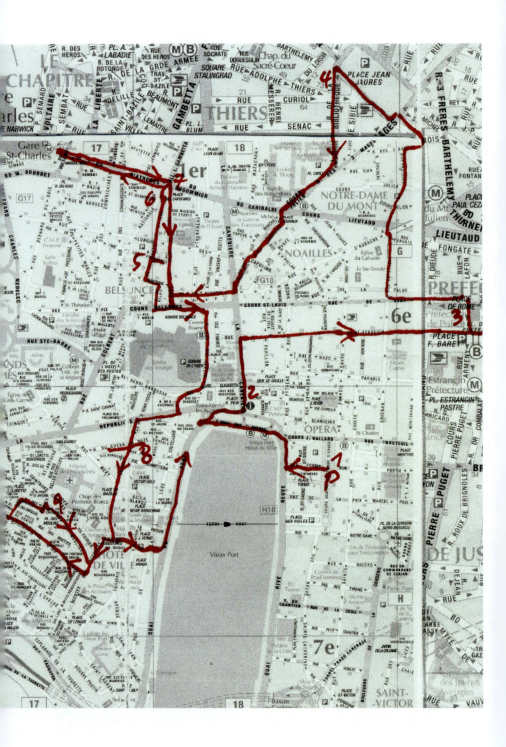

3) Wir gehen vom Platz der Präfektur links in die kleine Straße Rue Arméry bis zur Rue de Rome, links bis zur Querstraße Rue Estelle, rechts bis zur Rue d'Aubagne. Wer arabische Gewürze kaufen will, macht einen kleinen Abstecher nach links, hier gibt es viele Gewürzläden.

Wir gehen geradezu über die Treppe zum Cours Julien, einem Platz mit vielen preiswerten Restaurants. Es ist hier ein Treffpunkt für Jugendliche, Musiker, Intellektuelle und Ausgestoßene. Zwei kleine Straßen gegenüber, die Rue Pastoret und die Rue Bussy l'Indien, sind voll mit Graffiti. Wir folgen einer von ihnen, überqueren die Rue des Trois Rois und kommen zum großen *Platz Jean Jaurès* auf einem der Hügel von Marseille. Ganz am Ende auf der linken Seite liegt ein kleines Café, *Bar des Maraichers,* hier traf sich Seidel mit Marie (Kap. 6.10 S. 114) (und auch die Figuren aus den Krimis von Jean-Claude Izzo kehren hier ein). Auf dem Platz findet vormittags ein großer, arabisch geprägter Markt statt.

4) Auf der gleichen Seite rechts ab Rue de la Bibliothèque, auf die Rue des Trois Mages rechts. Geradeaus kommen wir auf den Marché des Capucins, wieder ein Marktplatz am Vormittag. Die alte Markthalle ist heute Eingang zur U-Bahn-Station. Es ist das Zentrum des arabischen Viertels Noailles. Wir folgen der Straße bis zur Canebière. Die *Mexikanische Botschaft* lag damals am *Boulevard Madelaine,* der heute Boulevard de la Liberté heißt und die Verlängerung der Canebière ist. (Kap. 3.5 S. 45, Kap. 3.7 S.50, Kap. 4.7 S.67.

Wir biegen nach links, überqueren die Canebière und biegen rechts in die Rue des Recolettes. Hier beginnt das Belsunce-Viertel. Früher von gutbürgerlichen Einwohnern bewohnt, was die Häuserfassaden noch verraten, ist es dann ein Einwandererviertel geworden. Die Rue Tapis Vert links auf den Cours Belsunce, rechts und gleich wieder rechts, *Rue du Relais.* Hier befindet sich das *Hotel Aumage,* in dem im Roman der Arzt mit Marie wohnte, im wirklichen Leben war es Anna Seghers mit ihren beiden Kindern. (Kap. 4.1 S. 55, Kap. 7.2 S. 118)

5) An der Querstraße links, Rue du Baignoir, und die erste rechts, Rue du Petit St. Jean, bis zur *Rue de la Providence,* wo im gleichnamigen *Hotel* (wahrscheinlich eines der kleinen Hotels rechterhand) Seidel, der Ich-Erzähler, wohnte. Providence bedeutet Schutzengel oder Vorsehung. Tatsächlich wohnte Anna Seghers Freundin Hilde Eisler hier. (Kapitel 3.2 S.39)

6) Wir gehen die Rue du Petit St. Jean weiter bis zum Brunnen mit Obelisk, dahinter den breiten *Boulevard d'Athènes* nach links. Hier befand sich das *Hotel Splendide,* in dem *Varian Fry* mit dem Emergency Rescue Committee in einem Hotelzimmer arbeitete. Im Roman suchte Seidel hier Whitaker, den Berater des amerikanischen Konsuls, auf. (Kap. 9.2 S. 157) Wir gehen hinauf bis zum *Bahnhof Saint Charles,* die breiten Stufen kamen alle Emigranten herunter, die in Marseille hofften, ausreisen zu können. Auf der anderen Straßenseite zurück bis zum Obelisken.

7) Wir nehmen die linke der drei kleinen, vom Brunnen aus abgehenden Straßen, die Rue Tapis Vert, die wir bis zum Cours Belsunce zurückgehen, dem wir nach links folgen. Dieser ehemals prächtige Boulevard wurde durch hässliche Neubauten verschandelt, inzwischen versucht die Stadt, hier mit einer neuen Gestaltung die Straße attraktiver zu machen. Wir wenden uns rechts in die Rue Bir Hakeim am Centre Bourse vorbei, in dem im Untergeschoss das historische Museum untergebracht ist. Die Straße ist nach einer Restistancegruppe benannt, die in den Cevennen kämpfte. Rechts in die Rue Reine links auf die Rue de la République, die wir ein Stück nach rechts hinauf gehen. Hier wurden in letzter Zeit die meisten Häuser restauriert. Es sind klassizistische Haussmann-Bauten vom Ende des 19. Jahrhunderts. Die nächste links, Grand Rue. Die erste Querstraße ist die *Rue de Chevalier Roze*, die bei Anna Seghers Chevalier Roux heißt, hier wohnte im Roman der Vetter *George Binnet*. (Kapitel 3.2 S.39) (Nicolas Roze hat bei der Pest 1722 Tausende von Leichen beerdigen geholfen)

8) Die Grand Rue weiter geradeaus. Auf der linken Seite sehen wir das neue Hafenviertel, das nach dem Krieg gebaut wurde und noch leicht faschistischen Baustil aufweist, vor allem in den Skulpturen an den Hausecken. An der Kirche rechts die kleine Montée des Accoules hinauf ins Panier-Viertel, bis es rechts abgeht in die Rue du Refuge (Zuflucht), immer geradeaus, durch die Rue des Pistoles kommen wir zur Vieille Charité, einem Armenhospiz aus dem 17. Jahrhundert mit seinen ringsum laufenden Arkaden.
Es lohnt sich, noch etwas durch die Gassen des Panier-Viertels zu schlendern, bis zum Mühlenplatz (Place des Moulins). Vom 16. bis zum 19. Jahrhundert arbeiteten hier 15 Windmühlen. Es ist einer der erholsamsten Plätze Marseilles.

9) Durch die Rue des Moulins und links die Montée des Accoules bergab und über den großen Treppenplatz mit Blick auf den Hafen und die Kirche oben auf dem Hügel, Notre Dame de la Garde, zurück zum Vieux Port. Im *Hôtel de Ville* am *Quai du Port*, damals Rue de Louvois, die es nicht mehr gibt, befand sich in der Zeit der Exilanten das Fremdenamt, das die Aufenthaltsgenehmigungen ausgab und verlängerte. (Kapitel 3. 4 und 5, S.42 + 44)
Zurück zum Parkhaus auf der anderen Seite des Alten Hafens.

7. Vers Pont du Gard   Aquädukt über den Gardon

Steinbrüche für ein römisches Aquädukt

Die ersten Behausungen der Menschen am Gardon waren die Höhlen in seinen Schluchten. Bei Russan, südlich von Uzès, beginnen die Gorges du Gardon, kurz vor dem Pont du Gard kommt der Fluss aus ihnen wieder hervor.
Die ersten Menschen lebten hier vor etwa 35 000 Jahren. Viele Funde in den Höhlen belegen, dass diese Gegend nahezu immer bewohnt war.
Das Mittelmeer, das vor Millionen Jahren die ganze Gegend beflutete, hinterließ mit seinem Rückzug Schalentiere und Muscheln, die zusammen mit dem Sand versteinerten. Der Kalksandstein von Vers ist ein besonders weicher Stein, gelblich, von eben diesen Muscheln und Schalentieren durchsetzt. Der Gardon, der mit heftigen Regenfällen in der Schlucht gewaltig ansteigt, hinterließ im Laufe der Jahrtausende Höhlen, die heute noch aufzufinden sind.
Bevor die Römer kamen, lebten auch hier die Kelto-Ligurer, die ersten Menschen, die steinerne Städte bauten. Auf dem Hügel von Gaujac, nördlich von Remoulins Richtung Bagnols, sieht man besonders deutlich, wie erst die Kelto-Ligurer und danach die Römer diesen Ort gestalteten.
Dass die Römer Wasserleitungen bauten, um besonders gutes Wasser über viele Kilometer zu leiten, damit die Reichen einwandfreies Trinkwasser besaßen und ihre Bäder füllen konnten, wissen wir von überall, wo sie während ihrer Blütezeit siedelten: in Afrika, in Spanien, Italien. Der Pont du Gard ist eines ihrer schönsten und erhaltensten Werke. Die Römer entdeckten nahe bei Uzès die Quelle der Eure, die kräftig genug war und deren Wasser sie für besonders gut befanden. In Nîmes hatten sie eine ihrer typischen Städte gebaut, Augusta Nemausensis, wo sich verdiente Legionäre niederlassen durften, der Wasserbedarf wurde immer größer.
Per Luftlinie ist die Eure-Quelle von Nîmes 20 km entfernt, aber um die Höhenzüge zu umgehen, musste die Wasserleitung in vielen Windungen gebaut

werden und ist 50 km lang. Das Wassergefälle beträgt 24 cm pro Kilometer. Die Römer hatten in unseren Augen nur einfache Messinstrumente, aber sie brachten damit fertig, was uns heute noch ehrfürchtig erstaunen lässt. Die gesamte Wasserleitung besteht aus vielen Brücken, aber auch Tunneln, die durch den Fels gehauen werden mussten. Die größte Brücke ist die über den Gardon, der Pont du Gard, der aus drei Stockwerken besteht: die unteren beiden aus nicht ganz gleich großen Bögen, die obere, niedrige Reihe aus kleinen Bögen, über denen das Wasser entlang floss. Die Wasserleitung wurde etwa im Jahre 50 nach Christus von Agrippa, dem Stadthalter Galliens, in Auftrag gegeben.

Die Römer suchten für ihre Steine immer die kürzesten Wege. So wird es viele Steinbrüche gegeben haben entlang der Wasserleitung, und einige davon sind heute noch in Betrieb. Die Carrière d'Estel, die nahe dem Pont du Gard zu besichtigen ist, war sicher nur eine von ihnen. In dem nahe gelegenen Dorf Vers arbeiten zur Zeit noch fünf Steinbrüche. Der heutige Bedarf richtet sich vor allem auf Kamine, Pfeiler für Eingangsportale, Steinumrandungen beim Bau.

Überall in der Garrigue sind in den schmalen Felswegen die Wagenspuren der Römer zu finden. Sie zogen ihre Wagen mit Ochsen. Unzählige Sklaven wurden für das gewaltige Bauwerk eingesetzt und ließen ihr Leben.

Genau südlich von Vers auf der anderen Seite des Gardon liegt das Château de St. Privat. Es wurde 688 auf einer gallo-römischen Villa unter dem Schutz des Bischofs St. Privat von Mende gebaut. Bei der Kapelle St. Pierre (12. Jahrhundert) auf der anderen Seite des Gardon fand man einen marmornen Sarg aus Römerzeit, wahrscheinlich gab es hier eine Nekropole. Das Dorf Vers liegt direkt an der Wasserleitung, deren Reste noch zu sehen sind, teilweise verlaufen sie durch die Gärten der Häuser, oft fanden ihre Steine Verwendung für den Hausbau.

Das Château St. Privat ist bis in die jüngste Zeit eng verknüpft mit der Geschichte der Gegend. Charles Martell soll von hier aus 736 die Sarazenen vertrieben haben. Gegen die Westgoten wurde das Schloss zur Festung ausgebaut. 1187 erhielten Tempelritter, nachdem sie aus Jerusalem geworfen worden waren, den Ort. Zu dieser Zeit bestand Vers aus einem kleinen Kloster mit einigen Bauernhöfen, von einer Mauer umgeben. Der Name stammt aus dem Lateinischen, *versum*, ausgießen und wird im Französischen oft mit *vers* = nach verwechselt. Dieser Name weist darauf hin, dass es hier schon immer mehrere Quellen gab.

Im 14. Jahrhundert wurde dem König Philipp dem Schönen die Macht des Ordens der Templer zu gefährlich, und er ließ sie einsperren. Einige von den 60 Rittern, die in Nîmes ins Gefängnis geworfen wurden, stammten vom Schloss. St. Privat wurde daraufhin an einen Privatmann aus Avignon verkauft.

Uzès als Bischofssitz und die ganze Umgebung wurden bald in die Jahrhunderte dauernden Religionskriege verstrickt. Wobei die Oberen von Uzès sich mal zu

Steinbruch in Vers

den Protestanten schlugen und sich dann wieder vom König kaufen ließen. Das Schloss St. Privat wurde zu einem Treffpunkt der Protestanten. Hier fanden geheime Gottesdienste statt. In einem kleinen Museum sind die winzigen Bibeln verwahrt, die in andere Bücher hineingelegt werden konnten. Das Schloss war im 16. Jahrhundert hoch gesichert. Es gab nur eine Tür, durch die man nur auf Knien hindurch kam.

Vers wurde in dieser Zeit oft von den Dragonern des Königs heimgesucht. Bis zu 300 Soldaten mit Pferden mussten von den Einwohnern untergebracht und für mehrere Wochen verpflegt werden. Alle Einwohner, aber besonders die Frauen, werden unter den verrohten Soldaten zu leiden gehabt haben. Bald war das Dorf nicht mehr in der Lage, die Kosten zu tragen und musste von seinen Konsuln unterstützt werden.

1629 beehrte Kardinal Richelieu das Schloss, um den sogenannten Frieden von Alès zu unterzeichnen. Es war nur ein kurzer Friede. Erst mit der Revolution erhielten alle Glaubensfreiheit, aber die Gräben zwischen den Religionen sind bis heute zu spüren.

Zu der Zeit zählte Vers 885 Einwohner, die sich von dem Anbau von Öl- und

Blick auf den Gardon und die Orangerie von St. Privat

Mandelbäumen, Weizen, Wein und Holzwirtschaft ernährten. Außerdem war der Maulbeerbaum verbreitet, der der Seidenraupenzucht diente. Drei *Bégudes*, Pferdewechselstationen mit Herberge, bezeugen den regen Handelsverkehr mindestens seit dem 18. Jahrhundert: die *Bégude de Vers*, an der Kreuzung zum Pont du Gard, und die beiden sich gegenüberliegenden, *Bégude de St. Pierre* neben der Kapelle und *Bégude de Poulon*.

Man geht davon aus, dass das Aquädukt bis zum 9. Jahrhundert genutzt wurde und dann zerfiel, oder sogar bewusst zerstört wurde. Der Pont du Gard überlebte wahrscheinlich aufgrund seiner massiven Steine – allein bei der Abdeckung des Wasserkanals ganz oben wiegt jeder Stein zwei Tonnen – und wurde bald als Brücke nützlich. Seit dem 13. Jahrhundert ist eine Art Wegezoll vermerkt, der von den Herren des Schlosses St. Privat erhoben wurde, denen nun der Pont du Gard gehörte. Mitte des 18. Jahrhunderts wurde die eigentliche Straße neben dem Pont angelegt.

Die drei außerordentlich schönen, überdachten Waschhäuser von Vers stammen aus der Mitte des 19. Jahrhunderts. Zwei stehen jeweils an den Ein- und Ausgängen des Ortes: im Süden das *Lavoir de Misseran*, mit drei hohen Arkaden, dessen Quelle zur Römerzeit als heiliges Nymphenwasser gegolten haben soll, im Westen das *Lavoir de Font d'Izières*, mit einer offenen, von Säulen getragenen, und einer geschlossenen Seite, deren Quelle an der Nordseite der *Bastide de Font d'Izières* entspringt, und in der Dorfmitte, *La grande Fontaine*, die von zwei Quellen gespeist wird. Die Waschhäuser sind und waren nicht nur der Ort, an dem die Frauen sich zum Waschen der Wäsche trafen, sondern auch, um sich von der Arbeit und der Hitze des Tages zu erfrischen oder den Tieren zu trinken zu geben. Aus eigener Beobachtung wissen wir, dass auch in unseren Tagen die Frauen der in den Steinbrüchen arbeitenden Männer noch ihre Wäsche hier waschen, da der feine Staub die Waschmaschinen verstopft. (1997 bis 2006 befand sich *Culture & Contact* in der *Bastide de Font d'Izières*)

Geisterzug und die Flucht der Deutschen

Vers wurde ab November 1942 von den Deutschen besetzt. Das Château St. Privat wurde zum Hauptquartier ernannt. In Vers wurden die Häuser der Veteranen des ersten Weltkriegs ausgewählt, um Soldaten unterzubringen. Sehr bald entschieden die Deutschen, ein Waffenlager anzulegen, es erstreckte sich von der Straße nach Castillon bis zum Bahnhof und soll das zweitgrößte in Frankreich gewesen sein. Die meisten jungen Franzosen waren in die Berge geflohen, überall hatten sich Résistance-Gruppen gebildet. Die Kinder, die mit Neugier die Fremden in Uniform anstarrten, bekamen ab und zu ein Margarinebrot geschenkt. Aber sobald ein Ereignis die Deutschen erschreckte – ein Küchenwagen, der Feuer fing – wurde mit Erschießung gedroht.

Im Bahnhof von Remoulins hielt vom 14. -17. August 1944 ein Güter- und Personenzug mit 700 Deportierten. Er war am 2. Juli in Toulouse zusammengestellt worden. Das nahe gelegene Internierungslager Le Vernet wurde geräumt, ebenso das Gefängnis St. Michel. Es waren überwiegend Spanienkämpfer und in Razzien aufgegriffene Männer und Frauen aus der Résistance, einige Juden darunter, die jeweils zu 80 in einen Viehwaggon gepfercht wurden. In den Personenwagen fuhren 150 Feldgendarmen – Angehörige der Heerespolizei – sowie die Gestapo aus Toulouse, die mit ihren Familien zurück nach Deutschland wollten, und einige von der SS. Geleitet wurde das Unternehmen von einem Leutnant, der sich Schuster nannte und aus Österreich stammen sollte. Die Alliierten waren in der Normandie gelandet. Die Résistance und die Alliierten behinderten die Fahrt des Zuges, mehrmals wurde er von den Alliierten beschossen. Schuster versuchte, über Bordeaux Richtung Paris zu fahren, kam aber nur bis Angoulême, dort sah er, dass ein Weiterkommen nicht möglich wäre, kehrte um und wollte nun über das Rhônetal nach Deutschland entkommen. Die Deportierten litten unter der Hitze, unter Wassermangel und Krankheiten. Es gab bei den Angriffen der Alliierten auch Verwundete und Tote. Die Eingesperrten hofften, dass die Résistance sie befreien könnte. Immer wieder gelang es Einzelnen zu fliehen, andere kamen dabei um. Der Zug hielt in Remoulins, da Schuster sich eine Lösung überlegen musste, wie er über die Rhône gelangte, weil die Brücken zerstört waren.

Die unten abgedruckte Erzählung von Astrid Schmeda „Marie Courage" befasst sich mit den Ereignissen in Remoulins. Aufgrund der Erinnerungstafel am Bahnhof in Remoulins recherchierte sie und erhielt Kontakt mit den beiden Söhnen der damals in Remoulins lebenden Marie Damiani. Jacques, 19 Jahre alt, war in die Résistance gegangen, verhaftet worden und wurde nach Dachau deportiert. Pierre meldete sich daraufhin, 15-jährig, in die Résistance und kämpfte im Maquis Bir Hakeim in den Cevennen, wurde verwundet und von einem Pastorenpaar gepflegt und versteckt. Nach 1945 kam der Bruder aus Dachau zurück.

Am 15. August landeten die Alliierten in Sainte Maxime. In Vers trafen die Deutschen Vorkehrungen, das Munitionsdepot in die Luft gehen zu lassen. Sie installierten dafür eine elektrische Leitung zwischen dem Pont du Gard und dem Depot. Das Gerücht verbreitete sich bald, die Dörfer Castillon und Vers sowie der Pont du Gard wären davon betroffen. In einer Nacht im August klopfte der Bürgermeister von Vers an alle Türen, die Einwohner der beiden Dörfer flohen in die Garrigue.

Astrid Schmeda schrieb darüber, nach dem Bericht eines der Beteiligten, die Erzählung: „Die Stille über der Garrigue."

Am 27. August 1944 war Vers befreit. Anlässlich der Befreiung Frankreichs wurden überall die Glocken geläutet, nur in Vers einen Tag eher. An jedem Tag, an dem ein Verser aus der Gefangenschaft zurück kehrte, wurde im Dorf gefeiert, der Tambour lief durch die Gassen, die Glocken läuteten, es wurde getanzt und im Café ein Aperitif gegeben.

Das Munitionsdepot wurde von Juli 1946 bis Ende 48 von einer Spezial-Truppe des Militärs abgeräumt oder unschädlich gemacht. Es enthielt insgesamt 48000 t Explosivstoff, die auf 36 Hektar Land verteilt lagen. 12 der 25 Militärs verheirateten sich mit einer Verserin und blieben in der Region.

Place de la Fontaine

MARIE COURAGE

Marie erwacht. Die Hitze hat über Nacht kaum nachgelassen. Es ist 6 Uhr am Morgen, eine leichte Kühle weht durch das geöffnete Fenster. Die letzten Traumfetzen verflüchtigen sich: Der ältere Sohn war in der Menge eines Bahnhofs verschwunden, den Kleinen hatte sie überall gesucht.
Marie hört einen Zug von Weitem, es ist ein gewohntes Geräusch. Sie bewohnt das Haus an den Gleisen seit Jahren. Doch in diesem Sommer ist jeder Zug von besonderer Bedeutung. Sie zieht sich schnell an und steigt auf die Dachterrasse. Die Dampflokomotive fährt auffallend langsam, sie passiert den Bahnhof und kommt vor Maries Haus zum Stehen. Es ist ein langer Konvoi, überwiegend Viehwaggons, dazwischen einzelne Personenwagen. Deutsche Soldaten springen auf den Bahnsteig, schwer bewaffnet, und umstellen den Konvoi. Sie ziehen ihre Munition ab, denkt Marie. Da werden die Rolltüren einen Spalt breit geöffnet, und sie hört die Schreie.
Es ist der 14. August 1944.

Hier die Gleise. Etwas abseits der Hauptstraße, wie vergessen lag das schlichte Bahnhofsgebäude von Remoulins. Der riesige Platz vor dem Gebäude war ohne Schatten. Ich war nur selten zuvor hier gewesen, an der Tafel war ich jedes Mal vorbei gelaufen. Sie war nicht auffällig, obwohl sie gleich neben dem Eingang hing. Eine Erinnerungstafel, im Jahre 1991 angebracht. Der Bahnbeamte am Schalter verkaufte Fahrkarten und gab Zugverbindungen heraus. Aber es fuhren keine Personenzüge mehr, nur Güterverkehr.
Ich betrat den Bahnsteig. Die von den Felsen des Gardon kommenden Schienen, das war ihr alltäglicher Blick gewesen.

Marie weiß, was zu tun ist.
Ihr ältester Sohn Jacques, Mitglied der Résistance, wurde von der Französischen Anti-Terror-Brigade in Nîmes verhaftet. Vor einem Monat ist er an die GESTAPO ausgeliefert worden, die ihn in das KZ Dachau deportierte. Ihr Jüngster, knapp 15 Jahre alt, wurde in der Widerstandsgruppe Bir-Hakeim verwundet und liegt in einem Versteck.
Marie greift sich eine Kanne Wasser und läuft auf den Bahnsteig.
- Wasser, sagt sie zu einem der Soldaten. Sie brauchen Wasser!
Der schubst sie grob mit dem Gewehr zur Seite.
- Wo ist Ihr Vorgesetzter? ruft sie. Ich will Ihren Vorgesetzen sprechen!
Jeweils zwei Personen werden aus den Waggons gelassen, es sind Gespenster, verhungert, die Kleider verdreckt und zerrissen, sie tragen schwere Eimer und gießen sie nicht weit entfernt aus. Marie ist erschrocken über diese skeletthaften Gesichter, die Augen liegen tief in den Höhlen, aber es ist noch ein Funken Leben darin.
- Wasser! rufen sie ihr zu.

- *Wir verdursten!*
- *Essen!*
Sie werden in die Viehwaggons zurückgedrängt.
- *Ich will ihren Vorgesetzten sprechen! Wie heißt er? fragt sie einen der deutschen Feldgendarmen. Sie sieht, dass er Angst hat. Als hinter ihnen ein Auto anspringt, zuckt er zusammen.*
Jetzt werden die Kranken aus einem Waggon herausgetragen und zum Pinkeln geführt. Es sind sehr junge Gesichter dabei und Greise. Einer hustet und spuckt Blut. Einer hat eine Verwundung am Kopf.
Ein Körper wird aus dem Zug gestoßen. Zwei Gefangene erhalten Spaten und vergraben den Leichnam neben den Bahngleisen. Marie nähert sich ihnen, indem sie vorgibt, Unkraut zu rupfen neben ihrem Gartenzaun.
- *Wer ist das? flüstert sie.*
- *Léon Cigarroa, erwidert einer der Gefangenen. Aus Arcachon. Filialleiter einer Bank.*
Der Gefangene spricht Französisch mit einem spanischen Akzent.
Endlich wird Marie erlaubt, zum Chef zu gehen. Oberstleutnant Schuster hat soeben in einer hübschen Villa des Ortes Quartier bezogen.
- *Ich möchte den Insassen Ihres Zuges Nahrung und Wasser bringen, sagt Marie. Wir können auch die Kranken versorgen. Ihre Soldaten weisen mich zurück. Nach den internationalen Konventionen sind Sie verpflichtet...*
- *So, so. Selbstverständlich, Madame. Aber nur das Rote Kreuz ist befugt, sich darum zu kümmern. Wenn Sie eine Genehmigung des Roten Kreuzes haben...*
Marie läuft zum Gebäude des Roten Kreuzes. Die Sonne ist inzwischen gestiegen, es beginnt, warm zu werden. Sie trifft auf der Straße zwei Frauen und berichtet ihnen, was sie gesehen hat.
- *Haltet Euch bereit, bis ich die Genehmigung habe. Unterrichtet die anderen! sagt sie schnell.*
Marie weiß, mit wem sie es beim Roten Kreuz zu tun hat. Der Kommandant Salle lässt sie 10 Minuten warten. Sie klopft ungehalten an seine Tür.
- *Es ist ein Zug eingetroffen mit Gefangenen der Deutschen.*
Marie sieht ihm an, dass er schon unterrichtet ist.
- *Sie schreien vor Hunger und Durst. Das Rote Kreuz hat die Aufgabe...*
- *Sie haben mir nicht zu erzählen, welche Aufgabe das Rote Kreuz hat! Raus! Ich spreche nicht mit der Mutter von Terroristen!*
Als Marie wenig später zum Bahnhof zurückkehrt, sieht sie Salle vor dem Hauptquartier der Deutschen im Gespräch mit Schuster.
- *Da ist sie, hört sie ihn sagen. Sie müssen wissen, es ist eine berüchtigte Terroristen-Mutter!*

Hier war es, Maries Haus „Les Roses". Es lag versteckt in einem Park mit alten Bäumen, der bis an den Bahndamm reichte. Ein einstöckiges Haus im Jugendstil, ungewöhnlich für die Region, mit einer Balustrade auf dem Dach.

Marie zögert nicht. Sie kennt den Rote-Kreuz-Chef des Departements, er ist auf ihrer Seite. Vor ein paar Tagen hat er ihr zwei deutsche Deserteure geschickt, die sie versteckte und an die Résistance weitergab. Monsieur Blin wohnt in Nîmes. Es fahren keine Busse und kaum Autos. Die Strecke wird oft von den Alliierten bombardiert. Die Telefonleitungen sind zerstört. Marie macht sich zu Fuß auf den Weg nach Nîmes. Sie trägt einen Strohhut und in einem Korb eine Flasche Wasser, die sie sich sorgsam einteilt. Es ist heiß. Sie denkt an ihre Söhne. Von Remoulins nach Nîmes sind es 20 Kilometer.

Hier ist sie gegangen. Ich fuhr die Strecke häufig mit dem Auto. Zuerst St. Bonnet, dann die Garrigue. Die Straße stieg stetig an, dann, bergab, folgte eine lange, ungeschützte Fläche. Nach Süden ein weiter Blick über die Weinfelder bis zur Camargue; nach Norden Olivenhaine. Marie lief wahrscheinlich nicht auf der Straße, sondern versuchte, sich im Schutz der Olivenbäume zu verbergen. Die Alliierten schossen auf jeden Punkt, der sich bewegte.

Marie denkt im Gehen an alles, was ihr Hoffnung macht. Die Landung der Alliierten an der Mittelmeerküste muss unmittelbar bevorstehen. Der Zug kann nicht mehr weit kommen. Die Brücke über die Rhône nach Avignon wurde zerstört. Marie ist sich sicher, dass ihr Ältester sich nicht in diesem Zug befindet, er wur-de am 3. Juli abtransportiert. Diese müssen unbedingt gerettet werden. Was wollen sie mit den Gespenstern? Arbeiten können sie doch nicht mehr. Marie stellt sich Dachau wie ein Arbeitslager vor.
Die Wut auf Lasalle lässt sie schneller voranschreiten. Sie wusste, dass er auf Seiten Pétains war. Aber dass er so weit gehen würde...
Endlich sieht sie den Kirchturm von Margueritte, jetzt sind es nur noch wenige Kilometer bis Nîmes. Es ist Mittag vorbei, die Sonne brennt unbarmherzig. Marie muss sich ein paar Minuten im Schatten eines Baumes ausruhen. Sie trinkt den letzten Schluck Wasser. Sie hat auf der ganzen Strecke kaum jeman-den gesehen. In Nîmes gibt es wieder Leben. Autos fahren, Kinder bummeln nach Hause. Marie ist erleichtert. Sie findet das Haus von Monsieur Blin schnell und klopft an die Tür. Ein oberes Fenster öffnet sich, dann sind seine Schritte auf der Treppe.
In der Küche berichtet Marie :
- Es müssen Deportierte sein. Sie sehen aus, als seien sie schon lange eingesperrt.
- Der Konvoi wird aus Bordeaux kommen, vermutet Blin, vielleicht aus Toulouse, wo es große Gefängnisse gibt, voll mit Politischen und die Internierungslager der Spanienkämpfer. Aber warum der Zug so lange gebraucht hat bis hier...
- Vielleicht wurde er von der Résistance aufgehalten, meint Blins Frau. Sicher ist die Strecke über Paris nicht mehr zu befahren.
Marie isst und füllt ihre Wasserflasche.
- Soll ich ein Auto besorgen? fragt Blin, nachdem er die Genehmigung aus-gestellt hat.
- Es ist zu gefährlich, meint Marie. Ich laufe wieder los.
Blin und seine Frau umarmen sie.

- Auf bald! Es wird nicht mehr lange dauern!
Die Hitze nimmt am Nachmittag noch zu. Marie denkt an die Gefangenen in den Viehwaggons. Sie kann nicht mehr so schnell gehen wie auf dem Hinweg. Die Füße tun weh. Langsam lösen sich ihre Schuhe auf. Marie geht barfuß weiter. Auf der weiten Strecke ohne Häuser verlassen sie immer mehr ihre Kräfte. Vielleicht ist der Zug schon abgefahren. Vielleicht führen die Deutschen Verhaftungen durch. Sie hat ihre Freundinnen in Gefahr gebracht. Wer weiß, wozu Lasalle noch fähig ist. Vielleicht beschlagnahmen sie ihr Haus.
Ein Fuhrwerk rumpelt an ihr vorbei und hält an. Ein schweigsamer Alter nimmt sie einige Kilometer mit. Nun hat sie wieder Mut gewonnen. Sie sieht den Kirchturm von St. Bonnet. An der Bushaltestelle sitzt ein Junge. Sie kennt ihn. Sie sind da, ihre Freunde. Sie warten auf sie.

Marie überreicht Oberstleutnant Schulz die Genehmigung. Im gleichen Moment füllt sich der Bahnhof mit Wassereimer tragenden Bahnarbeitern und Rote-Kreuz-Helferinnen an. Alles ist vorbereitet. Als Marie ihr Haus betritt, sind die Freundinnen in ihrer Küche tätig. Brot, Käse, Tomaten, Oliven haben sie aus dem Dorf zusammen gesammelt. Was verträgt ein ausgehungerter Magen? fragen sie sich. Die deutschen Feldgendarmen stehen Gewehr im Anschlag. Die Gefangenen werfen sich auf das Essen. Wie Tiere, denkt Marie und erschrickt.
- Woher kommen Sie? Wer sind Sie? fragt sie schnell.
- Wir sind Spanienkämpfer.
- M.O.I.-Brigade Toulouse.
- Wir sind alles Politische in diesem Zug. Auch die Frauen. Es ist ein Waggon mit etwa 70 Frauen dabei, erfährt sie in knappen, gemurmelten Worten.
- Wie lange seid Ihr schon unterwegs?
- Seit dem 2. Juli.
Marie sieht, wie an der Wasserstelle ein junger Bahnarbeiter einem Gefangenen seine Mütze aufdrückt und ihm seine Jacke überzieht. Mit einem Eimer in der Hand geht der Gefangene ruhig Richtung Ortsausgang. Der Bahnarbeiter nimmt seine Wasserkanne und kehrt ohne Mütze und Jacke zum Zug zurück. Marie versucht, zum Wagen der Frauen durchzukommen. Aber sie sind streng abgeschirmt. Jetzt sorgen die Feldgendarmen wieder für Ordnung.
- Schluss! Das reicht! Eine halbe Stunde am Tag, mehr ist nicht genehmigt.

Am Abend befinden sich viele Leute in dem Haus „Les Roses". Sie besprechen sich, sie streiten, sie machen Pläne und verwerfen sie wieder. Alle haben eine Hoffnung: Bald werden die Alliierten da sein und den Zug aufhalten.
Jemand hat eine Schüssel mit warmem Wasser und Rosenöl gebracht und Maries wunde Füße hineingestellt. Marie kann nichts mehr wahrnehmen. Sie schläft im Sitzen ein.
In der Nacht wacht sie auf. Sie liegt in ihrem Bett, alle sind gegangen. Die Grillen haben ihr Geschrei eingestellt. Ein eigenartiges Geräusch steigt an und verliert sich, wie eine Welle. Das Fenster ist geöffnet. Da steht der Zug. Sie lauscht in die

Nacht. Stimmen dringen aus den Waggons. Sie singen die Marseillaise.

Am Morgen des 15. August klopft es an Maries Tür. Eine Freundin umarmt sie freudig.
- Ich habe den englischen Sender gehört. Sie sind da. Die Alliierten sind in Sainte Maxime gelandet!
- Wie weit ist Sainte Maxime von Remoulins entfernt? Wie lange werden sie brauchen?
Marie und ihre Freundin schreiben in großen Buchstaben auf ein Blatt Papier: Sie sind in Ste Maxime gelandet!
Sobald die ersten beiden Gefangenen mit den Kübeln auf dem Bahnsteig erscheinen, spricht die Freundin die deutschen Feldjäger an, um sie abzulenken. Marie steht auf dem Dach ihres Hauses. Sie hält das Papier in die Höhe. Die Gefangenen schauen sich aufmerksam um, sie nutzen jede Gelegenheit, um Nachrichten zu erhalten. Sie kehren zurück in den Waggon. Marie hört Freudenrufe. Die Nachricht wird schnell von einem Waggon zum anderen weitergegeben. Die Deutschen verriegeln hastig alle Türen. Bis zum späten Nachmittag wird kein Gefangener mehr heraus gelassen.
Später geht Marie wieder zu Oberstleutnant Schuster. Gestützt durch das Ermächtigungsschreiben des regionalen Chefs des Roten Kreuzes, erhält sie die Erlaubnis, Léon Cigarroa wieder auszugraben und auf dem Friedhof beizusetzen. Es ist ein sehr heißer Tag. Während der Pfarrer seine Grabrede hält, betrachtet sie erwartungsvoll den Himmel. Er ist von einem Blau, das nicht in den Krieg passt. Es sind keine Flugzeuge zu sehen.

Hier der Friedhof, an einer kleinen Straße hinter der Post, von einer Mauer umgeben. Zwei behäbige Zypressen am Eingang. In der Mitte des älteren Teils, zwischen kleineren Grabhäusern, stand ein stattliches Grab, wie eine Kapelle gebaut. In langen Reihen verliefen die Familiengräber mit ihren schweren Grabplatten, den riesigen Steinkreuzen, den kleinen runden Fotografien und den Plastikblumen.
Ich suchte ein unscheinbares Einzelgrab. Marie wird damals nicht das Geld gehabt haben, ihm einen Grabstein zu kaufen. Aber vielleicht wurde er später noch geehrt mit einer Erinnerungstafel, wie die beiden Soldaten mit arabischen Namen, die in den letzten Tagen der Befreiung in Remoulins getötet wurden. Es gab zu viele alte Gräber, deren Namen auf den verwitterten, teils umgefallenen Steinen nicht mehr lesbar waren. Léon Cigarroa lag hier begraben, er hatte seinen letzten, persönlichen Widerstand, einen Hungerstreik, mit dem Tod bezahlt. Er war in der Nähe der Züge geblieben: Gleich hinter dem Friedhof fuhren weiterhin Güterzüge entlang.
Marie erfährt während der Versorgung der Gefangenen, dass der Zug hinter Bordeaux von englischen Fliegern beschossen wurde. Es gab Tote und Schwerverletzte. In der Nacht, wenn alle Gespräche verstummt sind und Marie wieder allein ist, stellt sie sich vor: Das Brummen der Motoren der alliierten Flieger...

Schuster und die Offiziere, die SS, alle Deutschen fliehen ins Feld, der Zug steht auf einem Abstellgleis eines kleinen Bahnhofs, die Waggons sind verriegelt... die Angst der Eingepferchten... das Gebrüll der Explosionen... die Schreie der Verwundeten. Die Gefangenen halten weiße Tücher aus den Fensterschlitzen. Marie kann nicht schlafen.
Im Bahnhof befindet sich ein anderer Zug mit Munition. Jeden Tag überfliegen die Alliierten das Bahngelände. Alle: Die Gefangenen, die Deutschen und die Anwohner sitzen auf einem Pulverfass.
Die Feldgendarmen sind sehr nervös. Marie beobachtet sie von ihrer Dachterrasse. Es sind sehr junge Gesichter dabei. Es wurde gedroht, dass für jeden Entflohenen 10 Gefangene erschossen werden. Aber Schuster hält keinen Ap-pell.
Marie erfährt, dass Schuster die Gegend auskundschaftet. Er sucht nach einem Weg, den Transport über die Rhône zu bringen.
Die Nachrichten über die Herkunft des mysteriösen Zuges verbreiten sich schnell. Jeder Bahnarbeiter, jede Rote-Kreuz-Helferin versucht, mit den Gefan-genen einige Worte zu tauschen. So wissen sie nun, dass der Zug von Toulouse nach Bordeaux aufgebrochen war, aber bei dem Versuch, Richtung Paris zu kommen, aufgrund der heftigen Kämpfe umwenden musste. Die Gefangenen wurden in Bordeaux drei Wochen in eine Synagoge eingepfercht. Dann war Schusters Plan ausgearbeitet: Er brachte den Zug über den Süden ins Rhône-Tal. Doch nun sind die Alliierten an der Mittelmeerküste. Marie und ihre Freunde sind überzeugt, dass er es nicht schaffen kann. Jeder Tag zählt.

Es ist der Abend des 17. August. Alle Zeichen und Gerüchte deuten darauf hin, dass der Zug bald abfahren wird. Aus einer Unterhaltung der Feldgendarmen hat Marie den Ort Roquemaure verstanden. Die Gruppe um Marie trifft sich am Abend zum Essen in „Les Roses". Sie sprechen über die verschiedenen Gerüchte. Auch in Roquemaure ist die Eisenbahnbrücke zerstört. Was hat Schuster vor? Gegen 11 Uhr schleicht sich einer nach dem anderen in der Dunkelheit der Sperrstunde nach Hause. Da hört Marie ein Geräusch vom Bahndamm. Sie läuft hinaus. Die Lokomotive schnauft und dampft. Langsam setzt der Zug sich in Bewegung. Sie sieht keinen Menschen auf dem Bahnsteig. Sie tritt auf die Gleise und schaut dem Zug nach. Schuster hat eine Möglichkeit gefunden. Marie weint. Etwas später fährt ein Junge auf seinem Fahrrad von Remoulins nach Roquemaure.

In der folgenden Nacht klopft es an Maries Fenster. Sie schreckt aus dem Schlaf. Sofort denkt sie, es ist Pierre, ihr Jüngster.
- Wer ist da?
Stille. Sie öffnet die Hintertür und sieht eine Gruppe zerlumpter Gestalten am Rande ihrer Kräfte. Sie führt sie, ohne Licht zu machen, in den Vorratskeller. Sie gibt ihnen zu essen und, nach und nach, beginnen sie zu erzählen.
- Schuster hat den Zug hinter Roquemaure in einem Felsenengpass stehen ge-lassen.
Am Morgen des 18. August müssen alle aussteigen. Die Gefangenen werden mit

Gepäck beladen, dabei sind auch die aus Bordeaux mitgebrachten Weinkisten der Deutschen.
- Ich kann mich nicht erinnern, wie wir über die zerstörte Brücke der Rhône gelangten, erzählt einer der Entflohenen. Ich weiß nur noch, welche Angst wir hatten, abzustürzen.
Dann folgt ein Fußmarsch in glühender Hitze durch die Weinfelder von Châteauneuf-du-Pape nach Sorgue.
- Von Roquemaure bis nach Sorgue ließ er euch zu Fuß gehen? fragt Marie erschrocken.
Siebzehn Kilometer. Viele bleiben vor Erschöpfung liegen. Einmal fährt ein Mädchen auf einem Fahrrad an ihnen vorbei und ruft ihnen zu:
- Haltet durch! Sie sind gelandet!
In Sorgue ist das Dorf informiert und auf dem Bahnhofsplatz versammelt. Essen, Kleider, Getränke werden verteilt, auch Wein, dem die deutschen Be-wacher besonders zusprechen, so dass sie im Gemenge den Überblick verlieren und einige Gefangene fliehen können.

Hier waren sie, eingeklemmt zwischen zwei Steinpfeilern, überlebensgroß in Stein gehauen, die Gefangenen des Geisterzuges. Der Letzte der Gruppe reckte einen Arm, als wollte er nach oben fliehen, sein Mund war geöffnet, die Zunge hing heraus. Ich hörte seinen Schrei nach Wasser.
Ich war zuvor niemals in Sorgue gewesen. Ein Ort, der von Kommerz- und Industriegebieten Avignons eingekreist wurde. Der abgelegene Bahnhofs-vorplatz war neu angelegt, mit Rasenflächen und Bänken, und mit Platanen, die Schatten gaben. Um das Denkmal waren Blumen gepflanzt.
Der Junge vorne hatte eine Faust geballt, er war in Arbeitskleidung, trug eine Mütze, die Arme waren eng an den Körper gepresst, eine Schulter hochgezogen, das Gesicht hager, verschlossen; der Mann neben ihm war größer, etwas abgewendet hielt er sich an dem Steinpfosten fest, das Gesicht fragend, ungläubig; zwischen den beiden schaute ein junges Mädchen hindurch nach vorn, ihre Augen waren leer, trotzdem schien sie noch etwas zu wollen; die Frau hinter ihr trug ein Kopftuch, ihr Gesicht war von Gram zerfurcht, genauso wie das des Mannes neben ihr, mit zusammengekniffenen Augen, die Mundwinkel nach unten gezogen, anklagend; hinter der Frau stand ein Mann an den Pfosten gequetscht, das Gesicht voll Angst; und dann der Verdurstende.

Am 25. August steht Marie auf der Straße von Remoulins, um den anrückenden Panzern der Alliierten entgegen zu winken. Unter den Kämpfern der Résistance, die an der Befreiung mitwirken, sind die Geflohenen des Geisterzuges, die bei Marie untergetaucht waren.
Der Zug mit 700 Deportierten wird auf seiner Weiterfahrt mehrmals von den Alliierten beschossen; einige Gefangene können noch kurz vor der Grenze fliehen; am 28. August trifft der Geisterzug in Dachau ein.

„In diesem Bahnhof hielt vom 15. – 17. August 1944 ein Zug mit 700 Deportierten Richtung Dachau. Die Bevölkerung und die Bahnarbeiter haben einigen bei der Flucht geholfen. Cigarroa Léon (Gironde), vor Erschöpfung gestorben, wurde auf dem Friedhof von Remoulins begraben. Gegen das Vergessen!"

Astrid Schmeda, unveröffentlichte Erzählung

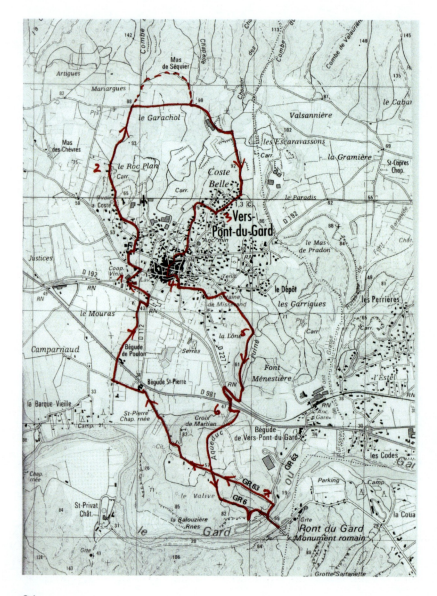

Wanderung Pont du Gard: Durch die Garrigue

Karte: Carte de Randonnée 2941 E
Remoulins 1:25 000
Länge: 9,5 km
Dauer: 3,5 Stunden (1. Hälfte: 1,5 Std. 2. Hälfte. 2 Std.)
Höhenunterschied: 70 m
Schwierigkeitsgrad: leicht.
Wetter: wenig Schatten
Ausrüstung: Picknick, Badesachen
Anfahrt: Von Avignon Richtung Nîmes über die N 100 nach Remoulins, am Kreisel vor dem Ort rechts Richtung Uzès und 2. Kreisel links die D 981 Richtung Uzès. Nicht die erste Abfahrt nach Vers, sondern die zweite rechts, dann hinter den Bahnschienen und vor dem Friedhof (rechterhand) nach links, an der nächsten Kreuzung bei der *Cave Coopérative* parken.
Von Uzès die D 981 Richtung Remoulins, 1. Abfahrt nach Vers und zur *Cave Coopérative*.

1. Hälfte der Wanderung

1) Die Route d'Uzès in Dorfrichtung bis zum Waschhaus *Font d'Izières*, links ab an der Mauer entlang bis zum ersten Weg nach rechts, immer geradeaus bis in den kleinen Weg *Rue de la Coste* und zur Weindomaine *Valsenière*, die wir rechts umrunden. Immer die Domäne auf der linken Seite, gelangen wir in den *Chemin des carrières*, Weg der Steinbrüche, die bald auf der rechten Seite auftauchen. Gleich zu Anfang hinter dem Zaun auf einen in Stein gemeißelten Menschen achten, der nach rechts zeigt. Hier sind die römischen Wagenspuren im Fels zu erkennen, der ursprüngliche Eingang des Steinbruchs.
Wir folgen dem Weg am Steinbruch entlang, zu beiden Seiten die riesigen Steinquader. Man entdeckt häufig die Löcher, die zum Tragen dienten, sowie die parallelen Rillen, durch die der Stein aus dem Fels gesprengt wurde. Außerdem gibt es oft Versteinerungen zu sehen, Steine, die aus lauter Muscheln bestehen. Der Weg geht auf den Spurrillen der Wagen, die nicht nur durch die Römer, sondern in den folgenden Jahrhunderten der Steinbrucharbeit entstanden sind. An der Kreuzung mit dem Malteserkreuz (links) ist gegenüber auf dem Fels ein Informationspunkt angelegt (französisch und englisch).

2) Wir gehen den schmalen rechten Weg und folgen damit dem gelben Wegzeichen und den Schildern „Pierres d'aujourd'hui" (Steine von heute). Die Garrigue ist hier besonders schön dicht mit Wacholder, Steineichen und Zistrosen bewachsen. Nach einer Weile treten wir aus der Garrigue und haben Felder mit Kirschbäumen und Oliven neben uns. An der schmalen, geteerten Straße rechts – oder, dem Wanderweg folgend, geradeaus, nach einiger Zeit kommt er auf der Straße heraus. Wir haben jetzt einen freien Blick nach rechts zum Dorf und nähern uns dem Gebiet der Steinbrüche. Bei einem Abweg nach rechts gehen wir weiter geradeaus, bis rechts ein großes Gebäude eines Steinbruchs auftaucht, und links liegt ein zweiter, kleinerer Steinbruch. Auf der linken Seite kommt ein zweiter Informationspunkt. Man sieht das Dorf Castillon und Vers, aber nicht den Pont du Gard (entgegen der Beschilderung). Der Weg ist zu einem Sandweg geworden, wir haben den höchsten Punkt überschritten und wandern leicht bergab bis zu einer Querstraße, die wir rechts abbiegen, zurück zum Dorf. Wir kommen an zwei weiteren Informationspunkten vorbei, zuerst rechts, dann links, von denen wir einen sehr weiten Blick über die Steinbrüche und die Garrigue haben. Auf der linken Seite liegt ein verlassenes Steinbruch-Gelände, in dem sich Wasser gesammelt hat. Die Betreiber sind verpflichtet, die Steinbrüche nach einer bestimmten Zeit wieder zu renaturieren, indem sie die nicht brauchbaren Steine in die Löcher schichten. Das für das Schneiden der Steine benötigte Wasser darf vorerst nicht ins Grundwasser gelangen, da es von dem Feinstaub verschmutzt ist. Wir folgen dem Weg, bis wir auf die ersten Villen stoßen.

3) Das Dorf hat sich hier in die Garrigue ausgebreitet. Wir nehmen den *Chemin de Belle Coste* nach rechts, der einen großen Bogen schlägt, folgen ihm bergab Richtung Dorf, erst durch neu gebaute Villen, dann geht er über in die *Rue du Moulin*. Auf der rechten Seite das erste große, alte Gebäude ist eine Magnanerie, eine Seidenraupenfabrik gewesen. Wir kommen an einigen in ihrem Ursprung erhaltenen Weinbauernhäusern vorbei, auf den Place neuve und biegen erst links, dann rechts ab in die „Hauptstraße" von Vers, *Grand rue du Bourg*. Links ab liegt die Kirche und ein kleiner Platz mit Café. Eine gute Möglichkeit für eine Pause.

Zweite Hälfte der Wanderung

4) Vom Café führt der schmale Treppenweg bergab auf den Place de la Fontaine, einen besonders schönen Platz mit Quelle, riesigen Platanen und dem runden, überdachten Waschhaus. Wir gehen rechts an den am Fels gebauten Häusern aus dem Dorf hinaus und links in die *Route de Misserand* bis zum dritten Waschhaus. Gleich dahinter biegt ein gelb bezeichneter Wanderweg links ab, ein paar Schritte steinig bergauf, dann verläuft er am Rande des Dorfes bis zu einem breiteren Sandweg, den wir nach rechts in die Garrigue gehen. Der Weg steigt an, bis wir auf die ersten Spuren der Wasserleitung stoßen, die quer über den Weg verläuft: eine in den Stein gehauene Rille. Gleich darauf den Weg nach rechts nehmen (gelbes Zeichen auf einem Eisenpfahl).

5) Wenig später taucht die römische Wasserleitung von links kommend auf, der wir nun immer folgen. Sie ist hier niedrig und in schlechtem Zustand, die Bögen sind entweder verfüllt, um sie zu stützen, oder durch den Regen haben sich Kalkwucherungen gebildet. Die Garrigue ist hier mannshoch, vor allem mit Steineichen bewachsen, die einen guten Untergrund für Trüffel bieten. Wir folgen immer dem gelben Zeichen, mal neben, mal auf dem Aquädukt entlang,

bis wir vor und unter uns die D 981 sehen. Hier gab es auch zu Römerzeiten schon einen tiefen Einschnitt, der von einer Brücke überquert wurde, von der allerdings nichts übrig ist. Wir müssen rechts nach unten, dann links die kleine Straße bis zum Kreisel, folgen der Radfahrerspur über die Straße.

6) Auf der anderen Seite gleich links, wieder den gelben Markierungen folgend, den Hang hinauf und rechts die Treppe hoch, dann haben wir unsere Wasserleitung wieder. Wir kommen in ein parkähnliches Gelände mit weiten Wiesen und sehr großen Steineichen. Das Aquädukt ist höher und einige Zeit recht gut erhalten. Wir überqueren einen asphaltierten Weg und folgen der Wasserleitung, die einen großen Linksbogen schlägt. Wir überqueren einen zweiten asphaltierten Weg, nach einem kurzen Stück geradeaus biegt der Weg links ab in ein Eichengehölz, wo wir mal auf der Wasserleitung gehen (nur noch wie ein Wall vorhanden), mal daneben entlang. Nach einiger Zeit zeigt uns die gelbe Markierung eine Abbiegung vom Weg ab nach rechts, wir gehen über glatte Felsen und haben bald linkerhand das gewaltige Bild des Pont du Gard.

Wir gehen halb links über die Steine und kommen wieder auf einen Weg, der uns an das obere Ende der Brücke führt, und von hier in Treppenstufen hinab. Auf dieser Seite des Gardon liegt ein schönes, altes Gebäude, eine ehemalige Mühle, am Fels (mit Restaurant), unterhalb davon kann man baden, aber auch gegenüber gehen glatte Felsen bis ans Wasser. Auch dort gibt es ein Restaurant.

Das Museum zum Pont du Gard, etwas abgelegen bei den Parkplätzen, ist lohnend, sollte man aber an einem anderen Tag besuchen, es braucht mindestens 2 Stunden. Der Parkplatz kostet (2011) 15 Euro, unabhängig, wie lange man bleibt.

7) Gegenüber der Mühle zeigt uns das gelbe Wanderzeichen an einer kleinen Treppe den Weg zurück. Über den Platz kommen wir links auf einen asphaltierten Weg (GR 63), dem wir nun immer folgen. Nach etwa 1 km knickt er nach rechts ab. Wir treten aus der Garrigue, in der hier einige Häuser liegen, kommen an der verfallenden Kapelle St. Pierre vorbei und stoßen auf die *Bégude St. Pierre*, die wir links umgehen. Bis zur nächsten Kreuzung, dann rechts bis zur D 981. Wir überqueren die Straße und gehen links an der *Bégude de Poulon* vorbei einen Sandweg durch die Felder Richtung Vers. An der nächsten Straße rechts, dann links ab am Friedhof entlang und die nächste links zurück zur *Cave Coopérative*.

DIE STILLE ÜBER DER GARRIGUE

Paul wusste natürlich, dass wir aus Deutschland kamen. Wir begegneten uns auf den Marktfesten unseres Dorfes. Aber erst nach vier Jahren sprach er uns an. Seit seiner Kindheit war er nicht mehr in unserem Park gewesen. Sein Vater hatte dort als Gärtner gearbeitet und als kleiner Junge hatte Paul, um ihm zu helfen, die Pumpe betätigt.

Wir luden ihn ein. Paul musste Mitte siebzig sein, aber seine Augen waren die eines neugierigen, zum Spaßen aufgelegten Jungen. Er hatte ein glattes, braunes Gesicht.
Wir gingen mit ihm durch den Park. Unter der großen Eiche boten wir ihm einen Aperitif an.
- Die überbackenen Feigen schmecken gut, sagte Paul. Wie haben Sie sie gemacht?
Er erzählte uns, welche Familie vor dem Krieg und wer danach in unserem Haus gelebt hatte. Ich wollte gern mehr über die Zeit während der deutschen Besatzung erfahren, aber ich wusste nicht, wie ich ihn darauf ansprechen sollte.
- Wie alt waren Sie während des Krieges? fragte ich.
Er sah mich aus seinen klaren Augen an.
- Ich war vierzehn Jahre alt. Ich erinnere mich an alles, als sei es gestern gewesen. Sie wissen, dass im November 1942, als die Alliierten in Afrika gelandet wa-ren, die Deutschen den Süden Frankreichs besetzten. Nahe dem Pont du Gard legten sie ein Waffendepot an. Es war das zweitgrößte in Frankreich. Die Munition wurde an verschiedenen Orten zwischen den Dörfern Vers und Cas-tillon gelagert. Sie kennen das Schloss St. Privat hinter dem Aquädukt auf der rechten Uferseite? Dort befand sich das Hauptquartier der Deutschen. In Vers wurden deutsche Soldaten einquartiert.
- Sie lebten also mit Ihren Eltern in Vers?
- Ja. Wir Jugendlichen mussten uns in Acht nehmen: Die Deutschen teilten jeden kräftigen jungen Mann zum Arbeiten ein. Andererseits gaben sie manch-mal Margarinebrote an die Kinder. Mein Freund und ich, wir hielten die Augen offen und versuchten auszukundschaften, was passierte, aber es war gefährlich. Sobald einem von ihnen etwas zustieß, griffen sie sich eine Geisel und drohten mit Erschießung, falls der Schuldige nicht genannt wurde. Unser Bürgermeister setzte sich mehrfach mit seinem Leben ein. Er war ein aufrechter Mensch. Einmal war einer der Deutschen in der Strömung des Gardon ertrunken, ein Unfall, aber sie dachten, es war ein Attentat. Sie verlangten eine Liste von Schuldigen. Unser Bürgermeister schrieb einen einzigen Namen auf die Liste: seinen eigenen.
Paul machte eine Pause.
- Ich nehme gern noch von dem Auberginenkuchen, er ist köstlich.
Dann fuhr er fort:
- Im Sommer 44, als die Deutschen begannen, sich unter dem Druck der Alliierten zurückzuziehen, entschieden sie, das Depot durch Explosion zu zerstören. Wir

wussten, was das bedeutete. Es war das Todesurteil für die Dörfer Vers und Castillon, und für das römische Aquädukt.
- Sie wollten den Pont du Gard zerstören?
- Genau. Sie kennen das Prinzip „verbrannte Erde". Aus einem Versteck sahen wir zu, wie sie das Kabel für die Detonation verlegten. Es verlief vom Pont du Gard bis zum Depot. Die Ersten im Dorf packten ihr Hab und Gut zusammen. Ich erinnere mich gut an jene Nacht im August. Mein Freund und ich, wir schliefen gern im Freien. Das Haus seiner Eltern besaß eine kleine Dachterrasse, da lagen wir, unter den Sternen. Mitten in der Nacht wurde ich vom Geläut der Kirchenglocke geweckt. Das Totengeläut. Mein Freund schlief.
Der dumpfe Klang einer Trommel rief eindringlicher in die Nacht. Er entfernte sich und kam wieder. Ich hörte Schritte und Stimmen. Ich rüttelte meinen Freund wach.
Im Hause war niemand mehr, die Türen waren verriegelt. Wir stiegen durch ein Fenster auf die Straße. Das Dorf war in eine gespenstische Dunkelheit getaucht. Wir folgten dem Geräusch der schleppenden Schritte. Am nördlichen Ausgang trafen wir unsere Eltern. Sie hatten gedacht, dass wir schon losgelaufen waren. Der Bürgermeister war von Tür zu Tür gegangen und hatte die Einwohner aus dem Schlaf geklopft. Die Leute hatten sich ausgerüstet mit allem, was sie in der Eile greifen konnten. Sie trugen Rucksäcke und Koffer, schoben Kisten und Schubkarren. Die Detonation sollte kurz bevorstehen. In diesem Moment erst wurde mir bewusst, dass wir unser Dorf vielleicht nie wieder sehen würden. Wir nahmen den Weg oberhalb der Steinbrüche Richtung Argilliers. In der Wildnis der Garrigue waren wir alle zu Hause. Die Männer gingen hier jagen; oft hatten wir mit mehreren Familien gepicknickt; wir Kinder kannten jeden Schleichweg und jedes Kaninchenloch.
Unsere Gruppe, zu der meine Eltern und die meines Freundes gehörten, ging bis hinter Argilliers zum Bornègre, wo nach starkem Regen ein Wasserfall aus der Felshöhle tost. Hier, vom üppig wuchernden Gestrüpp der Garrigue ver-deckt, von hohen Felsen geschützt, fühlten wir uns schon immer geborgen und sicher. Niemand wagte in jener Nacht, ein Feuer zu entzünden. Wir saßen dicht beisammen. Keiner sprach. Einige beteten. Dieses Warten war nicht zu ertragen. Reihum hielten einige Männer oben auf dem Felsen Wache. Wir wussten, wir würden sowohl den Feuerschein sehen als auch die Erschütterung der Detonation spüren. Aber nichts geschah.
Sobald es hell wurde, zogen mein Freund und ich los, um etwas zu Essen aufzutreiben. Wir hatten Hunger. Wir schlichen uns an unser Dorf heran. Nichts regte sich. Ein alter Mann war in seinem Haus geblieben, er wollte lieber bei sich zu Hause sterben. Er war ein bisschen verrückt, aber wir mochten ihn. Wir gingen zu ihm. Er gab uns Oliven, Tomaten und Wein. Einige Häuser waren vollständig verrammelt, bei anderen standen die Türen offen. Aus der Küche meiner Mutter nahmen wir einen Gaskocher, Töpfe und Pfannen mit. Alle Möbel schauten mich fremd an.
Die Leute aus Argilliers versorgten uns mit Brot. Am Bornègre begannen die

Frauen, das Leben zu organisieren, sie kochten gemeinsam. Die Männer teilten sich den Wachdienst und kehrten in die Dörfer zurück, um die Tiere zu füttern. Sie brachten jedes Mal neue Gerüchte mit. Mein Freund und ich, wir kehrten noch mehrmals in unser Dorf zurück. Wir besaßen nicht viel, aber es gab doch Dinge, an denen man hing. Meine Mutter bat mich, eine kleine Zuckerdose mitzubringen, die sie von ihrer Großmutter geerbt hatte.
Von den Deutschen war nichts zu sehen. Es herrschte eine unheimliche Stille. Wir warteten in der Garrigue den folgenden Tag und die Nacht.
Am zweiten Tag befand ich mich gerade auf dem Platz in Argilliers, einige Flüchtlinge und Einwohner des Dorfes diskutierten miteinander. Plötzlich brach ein Donnerschlag los und wir wurden von einer heftigen Druckwelle umgerissen. Atemlos verharrten wir am Boden, horchten. Dann spähten wir nach Osten, aber es war kein Feuerschein zu sehen.
Mein Freund und ich, wir machten uns sofort auf den Weg, im Dauerlauf über Umwege nach Vers. Nie wieder habe ich solch eine Angst erlebt. Alles war still. Die Häuser von Vers waren unversehrt, in der Ferne thronte Castillon majestätisch auf seinem Hügel wie immer.
Wenn man von oben den Weg zwischen Vers und Castillon am alten Steinbruch entlang durch die Garrigue geht, gibt es eine Biegung, nach der sieht man plötzlich den Pont du Gard in seiner ganzen Schönheit. Er war da, vollkommen.
Wir fanden am anderen Ufer des Gardon einen großen Krater, der in die Erde gerissen war. Ein kleineres Depot war in die Luft gegangen.
Unsere Familien befürchteten, dass dies der Anfang war. In der folgenden Nacht beteten alle zur Madonna.
Es blieb still über der Garrigue.
Nach drei Nächten erreichte uns die Nachricht, dass die Deutschen abgezogen waren. Der Bürgermeister gab die Erlaubnis zur Rückkehr. Die Leute waren nicht zu halten, obwohl es gefährlich war, in Gruppen zu gehen, da die alliierten Flugzeuge auf Konvois schossen.
Wir waren noch nicht recht erleichtert, bis wir den umgesägten Pfeiler entdeckten. Die Leitung, die die Detonation in Gang setzen sollte, war unterbrochen worden. Es wurde nie sicher herausgefunden, wer der Saboteur war. Ich bin überzeugt, es war einer der deutschen Soldaten, die das Depot be-wachten. Paul wischte sich die Augen.
- Könnten Sie mir das Rezept von dem Auberginenkuchen einmal aufschreiben? Meine Frau würde sich freuen.
Er atmete tief, dann sah er uns geradeheraus an.
- Ich habe zwanzig Jahre gebraucht. Zwanzig Jahre lang hätte ich nicht mit Deutschen an einem Tisch sitzen können. Heute habe ich gute Freunde in Deutschland, ich fahre oft dorthin und ich habe sogar eine deutsche Schwiegertochter. Aber, es tut mir leid. So lange habe ich gebraucht, bis ich das Erlebte hinter mir gelassen hatte. Zwanzig Jahre.

Astrid Schmeda, unveröffentlichte Erzählung

Mont Ventoux
Der weithin Sichtbare

Wissenswertes zum Wandern in der Provence

Jahreszeiten / Wetter / Kleidung

Die heißeste Zeit ist von Mitte Juli bis Mitte August. Im Landesinneren kann es ab Mittag 32 bis 37° im Schatten haben. Mittag ist um zwölf, aber die Hitze bleibt in den Sommermonaten bis nachmittags um fünf. An den Küsten ist es im Sommer weniger heiß aufgrund des Seewindes. Zum Wandern sollte man die Zeit von Ende Juni bis Ende August meiden.
Im Juli und August herrscht an allen touristischen Orten Hochbetrieb, vor allem in den Küstenstädten Sanary und Marseille, und am Pont du Gard. Das sollte man eher vermeiden.
Bestimmte Bergregionen der Provence werden in den Sommermonaten wegen Feuergefahr gesperrt. Die in diesem Buch beschriebenen Gegenden gehören nicht dazu. In der regenarmen Zeit gilt grundsätzlich: kein Feuer machen und keine Zigaretten wegwerfen.
Alle anderen Monate sind zum Wandern geeignet. Die höchste Regenwahrscheinlichkeit besteht im April und Anfang September (kurze, sehr heftige Gewittergüsse), der Oktober kann unbeständig, aber auch sehr schön sein, der November unberechenbar. Mehrere Regentage hintereinander sind eher selten.
Im Januar und Februar herrscht manchmal der kalte Mistral, aber es gibt auch wunderbare Tage, der März hält oft schon eine seidene Wärme bereit. Aber: die Unberechenbarkeit des Wetters nimmt zu. Deshalb ist es ratsam, immer Regenjacken im Gepäck zu haben.
Der Mistral ist ein Nordwind, der die Wärmespannung zwischen Nord- und Süd ausgleicht, er kühlt also die herrschende Temperatur im Süden ab und ist im Winter besonders kalt. Er kann aber auch im Sommer auftauchen, denn er hält sich an keine Jahreszeit, auch an keine andere Regel.
In den wärmeren Monaten empfiehlt sich eine Kopfbedeckung sowie Kleidung, die die empfindlichen Hautpartien abdeckt. Strandkleidung eignet sich nicht zum Wandern, schon gar nicht, wenn man durch einsame Dörfer kommt oder eine Stätte besichtigen möchte.
Auch für die Rundgänge in den Städten sind bequeme Schuhe ohne Absätze zu empfehlen. Für alle Wanderungen in der Landschaft möglichst keine Sandalen tragen, es gibt zwar selten Vipern, aber auch der Biss der Ringelnatter ist unangenehm, wenn auch ungefährlich.
Unmittelbar nach starken Regenfällen sollte man nicht in den Bergen wandern, da die Felsen glatt sind.

Blüten und Ernten

Die Mimosen blühen im Januar und Februar an der Mittelmeerküste, im März im Landesinneren, zum Beispiel im Gard, aber gar nicht im Luberon.

Die Mandelbaumblüte ist vom vorangegangenen Winter abhängig, oft im Februar, manchmal noch im März. Fast zur selben Zeit beginnen die Pfirsich- und Aprikosenbäume zu blühen. Alle drei wachsen auch überall im Landesinneren.
Im April sind die Kirschen dran, von denen es im Luberontal sehr viele gibt. Die Kirschernte fängt, auch wieder je nach Winter, ab Mitte Mai an.
Es gibt zwei Lavendelsorten: der echte Lavendel wächst auf den Hochebenen über 600 Meter, für die hier beschriebenen Wanderungen auf dem Plateau de Vaucluse und oberhalb von Apt im Luberon. Der Lavendin, ein Hybrid des Lavendels, wächst in den Ebenen, so auch im Tal des Luberon. Er beginnt mit der Blüte ab Mitte Juni und wird bis zum 14. Juli geerntet. Der echte Lavendel beginnt erst Anfang/ Mitte Juli zu blühen und wird Ende Juli/ Anfang August geerntet. Das große Lavendelfest in Sault am 15. August beschließt die Erntezeit.
Die Weinernte findet in den Ebenen mit großen Maschinen statt, es sind dabei nur noch 1-2 Menschen beteiligt. Der Weißwein wird oft Ende August schon in der Nacht geerntet (damit er in der Hitze des Tages nicht vorzeitig gärt), die Zeiten werden von den Weinkooperativen vorgegeben. Ansonsten wird, je nach Witterung, den ganzen September geerntet. Es gibt Biobauern, die grundsätzlich mit der Hand ernten, aber auch diejenigen, die ihre Felder in bergigem Gelände haben. Weinproben werden in der Erntezeit nicht gern gemacht, da dazu keine Zeit ist.
Die Olivenernte beginnt im November mit den grünen (unreifen). Die schwarzen sind im Dezember dran und werden sofort verarbeitet.
Auch im Winter werden die Trüffelschweine aktiv. Es gibt überall eingezäunte Felder, auf denen Eichen angepflanzt sind. Ob die begehrten Trüffel sich auch hierher begeben, ist nicht gesichert. Das Schild: *Défense de truffer* heißt, Trüffeln suchen verboten, und besagt gleichzeitig, dass es hier Trüffel geben könnte. In einigen Orten findet im Winter ein besonderer Trüffelmarkt statt, so in Carpentras (27. November bis Anfang März) und in Uzès (im Januar).

Jagd

Die Jagd heißt *la chasse*, das ist nicht unwichtig zu wissen, da es manchmal Warnschilder gibt, die darauf hinweisen. Ein Schild an einem Baum: *Chasse gardée* bedeutet allerdings nur, zu welchem Jagdbezirk das Gebiet gehört. Stößt man auf das Schild *Attention piège!*, sollte man umdrehen oder sich sehr vorsehen, es bedeutet: Achtung, Fallen! (wobei das Fallenstellen eigentlich verboten ist).
Die Jagd beginnt im September, das größte Jägeraufgebot trifft man als Wanderer im September und Oktober an, da in der Zeit die Treibjagden stattfinden. Es darf aber jeder einzelne Jäger im Gebiet seines Dorfes auch seiner eigenen Jagd nachgehen. Es wird außer auf Kleintiere wie Hasen, Kaninchen, Fasanen und Rebhühner vor allem auf Wildschweine gejagt. Ab Ende Februar darf nicht mehr gejagt werden. In jedem Gebiet gelten unterschiedliche Zeitenregelungen,

meist gibt es nur zwei Tage in der Woche, die von der Jagd ausgeschlossen sind. Die Jäger sind außer an ihrem Gewehr an den roten Kappen und Leuchtjacken zu erkennen, die sie tragen, damit sie sich nicht gegenseitig umbringen (was trotzdem jedes Jahr geschieht).
Wenn man einem begegnet, sollte man ihn ruhig fragen, ob auf dem Wanderweg eine Treibjagd stattfindet, oder ob es gefährlich ist, diesen Weg zu gehen. (*c'est dangereux?*) Meist sagen sie nein, aber sie wissen somit, dass sie sich vorzusehen haben. Uns hat einmal ein Jäger empfohlen, wir sollten laut singen.
Kommt einem eine mit Glöckchen versehene, kläffende Hundemeute entgegen, braucht man keine Angst zu haben, sie haben Wichtigeres im Sinn. Manchmal trifft man auch einen verirrten Bummelanten, der den Anschluss verloren hat, auch er ist in der Regel nicht gefährlich.

Freundlichkeiten

Wenn man in einem Dorf jemanden trifft, der nicht grüßt, ist es meist ein Tourist. An Touristenorten (vor allem an der Küste) ist es nicht üblich, sich gegenseitig zu grüßen, aber überall sonst. Auch in der Wildnis begrüßt man sich unter Wanderern: *Bonjour*, oder, wie die meisten Franzosen: *Bonjour Madame, Bonjour Monsieur*, oder *Messieurs-Dames!* Wenn man an einer Gruppe beim Picknick vorbei kommt, ruft man ihnen: *Bon appétit!* zu.
Im Café werden die Kellner heute nicht mehr *Garçon!* gerufen, sondern eher: *Monsieur! Mademoiselle* (jung) oder *Madame* (älter). Für alle weiteren Vokabeln zum Bestellen empfiehlt sich ein kleines Reise-Lexikon. Wenn man für die ganze Gruppe bezahlen möchte und hat kein Ticket bekommen, sagt man: *L'addition s'il vous plaît!* (Die Rechnung, bitte!) oder einfach: *Ça fait combien?* (Wie viel macht das?) Über Trinkgeld freut sich jede(r) KellnerIn. Beim Verlassen sagt man *Au revoir* (Auf Wiedersehen) oder *Bonne journée!* (Schönen Tag).

Essen & Trinken

Es empfiehlt sich bei jeder Wanderung, eine Flasche Wasser mitzunehmen. Selbst wenn man nicht picknicken will, sollte man einen Apfel oder ein paar Nüsse dabei haben, um bei Kräften zu bleiben. Ein leichtes Picknick etwa auf der Hälfte der Zeit ist allerdings eine besonders angenehme Pause. Und Pausen einzulegen, und seien sie nur kurz, etwa nach einem Aufstieg oder an einer besonders schönen Aussicht, gehört zum Wandern dazu.
Nicht jedes Dorf besitzt eine Bar oder gar ein Restaurant. Die Essenszeiten sind in Frankreich recht rigide festgelegt, vor allem mittags. Man bekommt ab 12 Uhr zu essen, aber oftmals höchstens bis ½ 2. In etwas größeren Orten werden zu Mittag besonders preiswerte Menüs oder Tagesteller (*plat du jour*)

angeboten.
In den Dörfern, die einen Bäcker oder einen kleinen Supermarkt besitzen, wird meist mittags um 12.30 geschlossen und erst spät, ab 16 Uhr, wieder geöffnet, immer bis 19 Uhr. In den Kleinstädten wird ab 14.30 wieder geöffnet. Sonnabend nachmittags ist geöffnet und Sonntag vormittags, aber montags fast überall geschlossen. Deshalb sollte man einen Stadtausflug nicht auf einen Montag legen.

Übernachten

Wenn man sich vorher seinen Schlafplatz sichern will, findet man im Internet über das jeweilige Touristikbüro (*Office de Tourisme*) der nächstgrößeren Ortschaft ausreichend Auskunft (*hébergement*). Oft haben auch kleinere Orte eine Internetseite, auf der die Möglichkeiten aufgezählt sind.

Es gibt die Kategorien *Hôtel*, *chambre d'hôte* (Gästezimmer mit Frühstück), *gîte* (Ferienwohnung, Samstag auf Samstag) oder *meublé* (wie Ferienwohnung, aber oft ohne Gütelabel, deshalb jedoch nicht schlechter, und manchmal auch unter einer Woche zu haben). *Chambre d'hôte* ist eine private Zimmervermietung, man kann auch nur für eine Nacht kommen (mit Ausnahmen). Wenn man sich Kontakt mit der Bevölkerung wünscht, ist das Gästezimmer am Geeignetsten. Allerdings gibt es große Preisunterschiede, und manchmal ist ein Hotel billiger. In den Ferienzeiten und an Feiertagen empfiehlt es sich, rechtzeitig vorher zu buchen.

Bon voyage! Gute Reise!

DANKSAGUNG

Für die Recherchen zu meinen hier abgedruckten Erzählungen habe ich bei meinen französischen Gesprächspartnern sehr freundliche Unterstützung erhalten und große Offenheit erlebt. Dafür und für die wertvollen Informationen danke ich besonders
Claude Larnac aus *Vers Pont du Gard,*
Charles Teissier vom Verein
L'Amicale des Déportés du Train Fantôme
und den Brüdern aus dem Widerstand
Jacques und Pierre Damiani

Astrid Schmeda

Literatur

Außer durch eigene Recherchen haben uns folgende Bücher Informationen gegeben. Wir empfehlen gleichzeitig, sie zu lesen!

ADRI / AMRID Les chemins de la Liberté, sur les pas des résistants de Haute-Provence, Editour 2004
Altwegg, Jürg : Geisterzug in den Tod, Rowohlt 2001
Char, René: Hypnos, Fischer 1990
Citron, Pierre: Giono, Seuil 1995
Fabre, Guilhem, et al.: Le Pont du Gard, CNRS Editions 1993
Feuchtwanger, Lion : Der Teufel in Frankreich, Fischer 1989
Feuchtwanger, Martha: Leben mit Lion, Lamuv 1991
Fittko, Lisa: Mein Weg über die Pyrenäen, dtv 1989
Flügge, Manfred: Das flüchtige Paradies, Aufbau 2008
Flügge, Manfred: Die vier Leben der Martha Feuchtwanger, Aufbau 2010
Fry, Varian: Auslieferung auf Verlangen, Hanser 1986
Ganagobie, Les Alpes de lumière, 2004
Giono, Jean: Jean der Träumer, btb 1998
Graf, Beatriz: Longo Maï, Revolte und Utopie nach 68
Hasenclever, Walter : Die Rechtlosen, in :Gedichte, Dramen, Prosa, Hrsg. Kurt Pinthus, Rowohlt 1963
Larnac, Claude & Garrigue, François : L'aqueduc du pont du Gard, Les Presses du Languedoc, 1999
Les Amis de l'Aquéduc Romain: Le Village de Vers-Pont-du-Gard, 1995
Marseille, Guides Bleus, Hachette 2005
Meyer, Ahlrich (Hrsg.): Der Blick des Besatzers, Propagandaphotographie der Wehrmacht aus Marseille 1942-1944, Edition Temmen 1999
Saint-Saturnin lès Apt se souvient...1944-1994, (Mairie de Saint Saturnin)
Sur les pas des Allemands et des Autrichiens en exil à Sanary, 1933-1945 (OT Sanary)
Seghers, Anna: Transit, Sammlung Luchterhand 1985

CULTURE & CONTACT
Bastide de la Source
Domaine le Pont
F 84490 SAINT SATURNIN LES APT
Telefon 00 33 4 90 74 51 73
Handy 00 33 676 490 283
Email culture-contact@wanadoo.fr
Homepage www.provence-bastide.com

Livres imprimés sur des papiers labellisés
F S C
- *Certification garantissant une gestion durable de la forêt -*

Achevé d'imprimer sur les presses du

Centre Littéraire d'Impression Provençal
Marseille - France
www.imprimerieclip.fr